75 Jahre Coca-Cola in Österreich

IMPRESSUM

ISBN: 3-901761-36-5

Idee: Philipp Bodzenta. Produktion: Ilse Helmreich. Gestaltung: Marion Brogyanyi, DI (FH) Dominik Uhl.
Grafik: Anja Hierzenberger, Marion Karasek. Lektorat: Dr. Sabine Kehl-Baierle, Regina Moshammer.
Repro: mPg MedienProduktionsges.m.b.H. Druck: Gutenberg, Wr. Neustadt

75 Jahre Coca-Cola in Österreich

Andrea Fehringer & Gerald Reischl

Was bisher geschah

Wie alles begann

Angefangen hat alles mit einem Satz, mit dem in Wien so manches anfängt: „Gehen wir doch bald einmal auf einen Kaffee." Aus dem Kaffee wurde, wie so manches in Wien, ein Treffen beim Heurigen. Ein netter, ruhiger Abend, der keinen richtigen Anlass, plötzlich aber ein aufregendes Thema hatte. Ein Buch. Über Coca-Cola. Aus einer Melange war mitten in den Weinbergen eine Hommage an eine Limonade entstanden.

Dass das nicht nur irgendeine, sondern die berühmteste Limo der Welt ist und dass sie 2004 nicht nur irgendeinen, sondern ihren 75. Geburtstag in Österreich feiert, machte das Konzept zur leichten Geburt: 75 Jahre Coca-Cola in Österreich, erzählt in Anekdoten, aufgerollt von Meilenstein zu Meilenstein, lebendig geschrieben über die Erlebnisse, Anstrengungen, Leistungen der Menschen, die ein Dreivierteljahrhundert lang dazu beigetragen haben, das braune Erfrischungsgetränk aus Amerika zum österreichischen Nationalgetränk zu machen.

Dann begann die aufwändige Knochenarbeit. Das Wühlen nach Geschichten in der Geschichte. Das Aufnehmen der Spuren in die Vergangenheit. Die Suche nach ansehnlichem Bildmaterial. Die Interviews mit Mitarbeitern der ersten Stunden. Die Gespräche mit dem heutigen Team bis zur letzten Sekunde. Die Verwandlung des Recherchierten in Lesestoff. Und zuletzt die Auswahl der Storys für ein Potpourri, das alle, die Coca-Cola produzieren, ebenso wenig langweilen sollte wie all jene, die Coca-Cola trinken.

Die 75 Geschichten, die nun zu diesem Buch gebunden wurden, sind natürlich nicht alles, was es über Coca-Cola Österreich zu sagen gibt. Aber sie sagen vieles. Über die Hürden der Anfangszeit, in der die Österreicher dem Getränk der amerikanischen Soldaten noch charmante Kosenamen gegeben haben. Über den Aufstieg einer Firma, bei der man ganz aus dem

Häuschen war, wenn jemand 20 Kisten auf einen Schlag bestellte, zu einem Unternehmen, das die Geschäfte für 51 Länder mit einer Gesamtbevölkerung von 927 Millionen Menschen abwickelt. Über eine ehemalige Essigfabrik in Wien, aus der eine der fünf weltweit wichtigsten Coca-Cola Dependancen wurde. Über die Highlights in Produktion und Technik. Über das soziale Engagement. Über den sportlichen Einsatz als Sponsor. Über den Teamgeist, der die Mitarbeiter zu so was wie Verwandten mit Nachnamen Coca-Cola gemacht hat. Und über die Hoppalas, die schließlich in jeder Familie vorkommen.

Einer Familie, der letztlich jeder angehört, der in einem Restaurant ein Coke bestellt, sich an einem Automaten ein Sprite herunterdrückt, an einer Tankstelle ein Fanta mitnimmt oder im Supermarkt ein Cappy kauft. Der Blick hinter das rot-weiße Logo zeigt: Coca-Cola ist Teil unseres Lebens. Nämlich der, an dem wir Spaß haben.

Und genau den wünschen wir nun den Leserinnen und Lesern dieses Buches!

Andrea Fehringer, Gerald Reischl
Autoren

Wir bedanken uns herzlichst bei den Autoren, allen Geschichtenlieferanten und den vielen „guten Geistern", die bei der Entstehung dieses Buches mitgewirkt haben.

Monika Polster, Philipp Bodzenta
Public Affairs & Communication – Coca-Cola Österreich

Wien, 2004

01

Die Coca-Cola Story Österreich

Erster Coca-Cola Abfüllbetrieb in Österreich

1886 Am 8.5.1886 wird Coca-Cola in Atlanta/USA von Dr. John S. Pemberton erfunden. Sein Buchhalter Frank M. Robinson kreiert den berühmten Schriftzug.

1892 „The Coca-Cola Company“ wird gegründet.

1893 wird der Name „Coca-Cola“ beim US-Patentamt als Schutzmarke eingetragen.

1915 Alexander Samuelson entwirft die unverwechselbare Flasche, die 1916 patentiert wird.

1929 Die österreichische Erfolgsgeschichte von Coca-Cola beginnt. Heinrich Ganahl aus Bludenz schließt mit der Coca-Cola Company den ersten Abfüll- und Vertriebsvertrag. Die ersten in Österreich produzierten 24.000 Flaschen werden ausgeliefert. Auf den Holzkisten steht: „Trink Coca-Cola – Schutzmarke“.

1939–53 Im Zweiten Weltkrieg gab es in Österreich zunächst gar kein und dann nur Coke für die GIs. In den Nachkriegsjahren wurden nur die Besatzungssoldaten mit Coke versorgt.

1953 Die Paul König OHG in Lambach beginnt wieder mit der Produktion. Coca-Cola Österreich hat 21 Mitarbeiter, vier Lastwägen und einen Wagen für den Tourenleiter. Im ersten Jahr werden 2.681 Kisten zu je 24 Flaschen verkauft.

75 JAHRE IN ÖSTERREICH

01

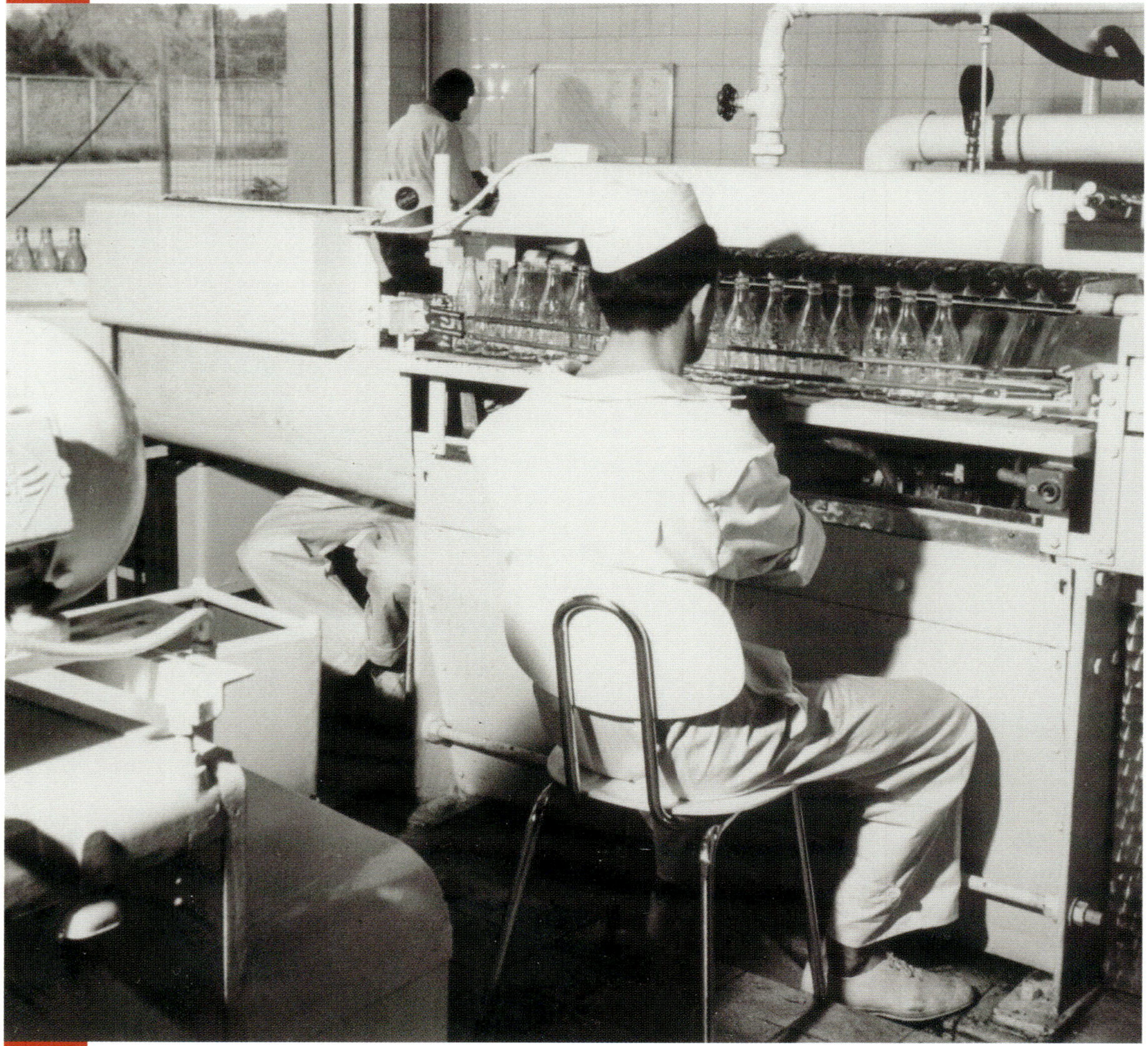

Coca-Cola Abfüllung
in den 50ern

01

1954 Gleich vier Coca-Cola Konzessionen werden vergeben: in Wien, Salzburg, Innsbruck und Graz.

1955 Am 1. Februar eröffnet am Wienerberg, dem Standort des heutigen Abfüllbetriebs, die „Gesellschaft für alkoholfreie Getränke".

1956 Die erste Abfüllanlage am Wienerberg geht in Betrieb.

1956–65 Sieben neue Coca-Cola Abfüllkonzessionen in Mödling, Klagenfurt, Landegg, St. Pölten, Dornbirn, Steyr und Gmunden kommen hinzu, womit die Österreicher von insgesamt elf Anlagen mit Coca-Cola versorgt werden.

1958 Die legendäre 0,2-Liter-Flasche bekommt Gesellschaft: Die 0,7-Liter-Coke-Flasche wird auf den Markt gebracht.

1960 Der erste Kühlautomat mit Münzeinwurf wird aufgestellt.

1964 Einführung von Fanta Orange.

1966 Mit Cappy Orange geht ab sofort die Sonne auf.

1968 Das Sortiment wird um Sprite erweitert.

1969 Die 0,7-Liter-Familienflasche wird durch die 1-Liter-Flasche ersetzt. Die ersten Postmix-Anlagen werden aufgestellt.

1970 Eröffnung der Abfüllanlage Bad Fischau. Abgefüllt werden Bonaqa und Cappy. Kinley Tonic Water wird eingeführt.

1971 Coca-Cola, Fanta und Sprite werden erstmals in Dosen abgefüllt. Damals noch in der 0,35-Liter-Dose.

1973 Lift Zitrone erobert den Markt. Fünf Jahre später wird das legendäre Kräuter Lift eingeführt.

1979 Mezzo-Mix ist ab sofort im Handel erhältlich.

Heinrich Ganahl und Frau – Coca-Cola Österreich Pionier

01

1982 Die australische Amatil Limited übernimmt die „Wienerberg Getränke GesmbH" und die Grazer „Getina".

1983 Coke light hat Premiere. Es folgen Fanta light und Sprite light.

1985–90 Das Konzessionärssystem wird reorganisiert.

1986 Gründung der Coca-Cola Computer Services GmbH: Entwicklung einer speziellen Software für das weltweite Coca-Cola System

1990 Die wiederbefüllbare 1,5-Liter-PET-Flasche hat ihren ersten Auftritt.

1991 Nach dem Erwerb der Konzessionen Mödling, St. Pölten, Pottendorf, Steyr, Klagenfurt und Dornbirn wird mit Salzburg das vorläufig letzte Konzessionsgebiet integriert. Wien beliefert 80 Prozent des österreichischen Coke Marktes. Die Coca-Cola Company beteiligte sich selbst an Amatil Ltd., der Firmenname lautete schließlich Coca-Cola Amatil.

1992 Bundeskanzler Franz Vranitzky und Don Keough, Präsident der Coca-Cola Company, eröffnen das Gebäude in der Triester Straße 217. Es ist der Sitz der Eastern & Central European Division (später Central European Division), der Coca-Cola Computer Services (BASIS) und der Austria Region.

1996 Die Coca-Cola Amatil übernimmt die Konzessionen Linz und Innsbruck von der Österreichischen Brau AG und ist jetzt der einzige Coca-Cola Konzessionär des Landes.

1998 Coca-Cola Amatil splittet die Geschäftsbereiche: Coca-Cola Amatil ist am australisch-asiatischen Markt tätig, das Europageschäft übernimmt die neu gegründete Coca-Cola Beverages.

1999 Fanta Lemon und Cappy g'spritzt sind neu im Sortiment.

Zustellung von Coca-Cola in Wien in den 60er Jahren

01

2000 Im Jänner wird die Central Europe Division zur Central Europe Eurasia & Middle East Group aufgewertet. Im Februar fusioniert Coca-Cola Beverages mit dem griechischen Abfüller Hellenic Bottling Company S.A., woraus der zweitgrößte Abfüller der Welt entsteht. Er ist in 26 Ländern vertreten und beliefert mehr als 500 Millionen Menschen mit Softdrinks.

2001 Österreich redesignt die Original-Georgia-Green-Glaskonturflasche aus dem Jahr 1915 und bringt sie nach einem Testlauf mit 0,25 Liter Inhalt auf den Markt.
Cappy g'spritzt bekommt einen neuen Namen: Cappy Sprizz.

2002 Der Micky's Abenteuer Fruit Drink von Cappy (später Disney Adventures) und Fanta Blood Orange werden lanciert.

2003 Die Coca-Cola Beverages Austria GesmbH, Tochter der Coca-Cola Hellenic Bottling Company, kauft die Römerquelle GesmbH. Vanilla Coke und Nestea kommen unter die Leute.

2004 Das Sportgetränk Powerade, Sprite Zero und Cappy fresh werden gelauncht.
Coca-Cola Österreich feiert seinen 75. Geburtstag.

75 JAHRE IN ÖSTERREICH

02 Bei Anruf Order

Auslieferung von Coca-Cola Produkten in den 60er Jahren

Es war irgendwann im Jahr 1953. Es war irgendeine Sekretärin, die den Anruf entgegennahm. Und es war irgendein Kunde, der seine Order abgeben wollte.

Recht viel mehr über das Datum und über die handelnden Personen ist nach fast einem Dreivierteljahrhundert nicht überliefert, aber darum geht es auch gar nicht. Es geht um ein Telefonat, das mehr über die Anfänge in dem gerade einmal vier Jahre alten Unternehmen Coca-Cola Österreich sagt als tausend Fakten.

Denn kaum hatte der Kunde seine Bestellung abgegeben, traute die Sekretärin ihren Ohren nicht mehr. Sie fragte nach, er bestätigte. Sie fragte noch einmal nach, er bestätigte wieder. Sie fragte ein drittes Mal nach, er bestätigte ein drittes Mal.

Die Sekretärin notierte die Order, verabschiedete sich, legte den Hörer auf die Gabel, schüttelte den Kopf, als wolle sie einen Floh im Ohr loswerden, und sagte: „Da bestellt einer 20 Kisten Coca-Cola – na, der hat Illusionen!“

ja! Fanta die klare Erfrischung
KÖSTLICH Coca-Cola ERFRISCHEND
KALT
Fanta
DRINK Coca-Cola
CLARK
CLARK

02

03 Die Fabrik aus Afrika

Es war schon eine seltsame Lieferung. Riesenkisten. Absender: Tunesien. Adresse: Lambach, Oberösterreich. Es sah aus, als hätte da wer eine Herde Kamele geschickt. Die Wahrheit war nicht weniger absurd: Coca-Cola schickte eine ganze Fabrik.

Die Vorgeschichte beginnt 1941 unter Robert Woodruff. Der Präsident der Coca-Cola Company findet, dass jeder Mann in US-Uniform Anspruch auf sein Coke hat: „Für fünf Cent soll er es bekommen, egal, wo er sich befindet und was immer es kostet." Dass das mitten im Zweiten Weltkrieg keine kleine Marketingaktion ist, kann man sich vorstellen. Es ist ein globaler Feldzug. Coca-Cola Angestellte werden zu Offizieren, ohne dass sie je beim Militär gedient haben mussten. Sie wurden in Uniformen gesteckt und zu „technischen Betreuern" ernannt, eine Bezeichnung, die bis dahin nur Panzertechnikern zustand. Am 29. Juni 1942 ordert General „Ike" Dwight Eisenhower per Telegramm drei Millionen Coca-Cola Flaschen zur Verschiffung nach Deutschland. Mit im Gepäck: eine komplette Abfüllanlage. Klar, der neue Coca-Cola Slogan lautet schließlich: It's the Real Thing.

Ganze Abfüllanlagen als Kriegspost sind keine Schnapsidee. Man braucht sie. In ganz Deutschland mangelt es an Rohstoffen. Coca-Cola muss die Herstellung einstellen und sich anderweitig umschauen. Österreich liegt nahe, hat aber keine Fabrik. Dafür steht in Tunesien eine herum. Man baut sie ab, steckt sie in Riesenkisten. Schickt sie an die Adresse: Lambach, Oberösterreich.

Der Aufbau dauerte ein Jahr. Zuletzt wurde noch ein Schienenstrang gelegt, über den der Sirup in 200-Liter-Fässern aus Augsburg direkt in die Produktion rollte. Als die ersten Flaschen ausgeliefert wurden, fühlten sich die GIs schon sehr viel mehr zu Hause.

Den Österreichern hätt's auch geschmeckt, aber die durften daran bloß ab und zu nippen. Der Verkauf an Zivilpersonen war – mit Ausnahme von 0,2-Liter-Flaschen zu 50 Groschen über Jugendorganisationen – verboten.

Erst ab 1953 gab es Coca-Cola für alle. Anfangs tröpferlweise, aber dann kam die Sache in Fluss: Die Paul König OHG in Lambach lieferte die ersten 64.350 Flaschen einer Limo aus Amerika aus, die einen Umweg über Afrika genommen hatte, um nach und nach in Österreich zum Nationalgetränk zu werden.

04 Das Fantasie-Getränk

Es war gar nicht anders denkbar: Das Erfrischendste an der Olympiade 1936 in Berlin musste Coca-Cola sein. Konzernchef Robert Woodruff hatte sich angesagt und da wollte der deutsche Geschäftsführer Max Keith sich keine Nachlässigkeiten nachsagen lassen. Er hatte gute Kontakte, er nutzte sie und Coca-Cola lieferte die flüssige Verpflegung zum sportlichen Ereignis. Und Woodruffs legendäre Aussage: „Meine Politik heißt Coca-Cola“, mit der er elegant klarstellte, dass er mit der Politik gewisser anderer so wenig wie möglich zu tun haben wollte, hatte Rückendeckung.

Natürlich kann man ein halbes Jahrhundert später leicht sagen, dass es nicht schwer war, im Berlin von 1936 erfrischend zu sein. Aber das ist eine andere Geschichte. In dieser hier geht es um ein Getränk, das mit dem braunen Gedankengut des deutschen Nationalsozialismus zwar zufällig die Farbe, aber sonst schon gar nichts gemein hatte. Im Gegenteil. Im bald darauf folgenden Zweiten Weltkrieg unterstützte die amerikanische Limonade die amerikanischen Soldaten, wo sie nur konnte (siehe auch die Story „Die Fabrik aus Afrika“). In Deutschland konnte sie es nur unter Einsatz aller Kräfte. Die Rohstoffe waren knapp und wurden anderwärtig mehr gebraucht. Die Lösung kam 1940 und hieß: Fanta, abgeleitet von Fantasie. Der Name war perfekt für eine Limonade, bei deren Herstellung weit mehr Fantasie als Rohstoffe vorhanden waren. Die Erzeuger mussten gewaltig improvisieren, die Konsumenten durften sich überraschen lassen: Gab es genug Äpfel, bekamen sie Apfelsaft, manchmal aber auch Johannisbeer- oder Traubensaft.

In Österreich kam Anfang der 60er Jahre dann echtes Fanta auf den Markt. Hübsch orange und so intensiv fruchtig, dass man es jedem, der es trank, von den ebenso hübsch orangen Lippen ablesen konnte.

04

Im Laufe der Zeit bekam die Farbe dann einen helleren Touch. Mit etwas Fanta-sie sah es aus, als wäre in der Flasche eben die Sonne aufgegangen. Die Idee zu einem Fanta Lemon lag da nicht mehr fern.

Anfang des neuen Jahrtausends versuchte man sich dann auch wieder an ganz neuen Geschmacksrichtungen. Ähnlich wie in Fantas Babytagen, nur diesmal nicht, weil eine Not zur Tugend gemacht werden musste, sondern weil Fantasie halt nicht nur nach Orange und Zitrone schmeckt. Im Herbst 2001 kam Fanta Magic Mango und ein Jahr später die Limited Edition von Fanta Sparkling Grapefruit auf den Markt. Seit Anfang 2002 gibt es Fanta Blood Orange im Sortiment. Außerdem experimentierte man ein bisschen an den Verpackungen herum und probierte es einmal mit der putzigen 0,15-l-Dose.

Um den Geschmack des Publikums auch in Sachen Werbung zu treffen, schrieb das Fanta-Team im Mai 2001 einen Wettbewerb für ein Fanta Lemon-Plakat aus. Die kreativen Köpfe aus zehn Schulen, Kunst- und Werbeakademien und grafischen Lehrgängen wurden eingeladen, das 24-Bogen-Plakat zu entwerfen, mit dem Fanta im Sommer beworben werden sollte. Die 150 Beiträge machten es der Jury nicht leicht, aber schließlich vergab sie die 50.000-Schilling-Siegerprämie an Katrin Jäger von der Kunstuniversität Linz. Der Entwurf der Studentin, die zwei Füße auf weiße Kacheln gestellt und ihnen Zitronenscheiben zwischen die Zehen gesteckt hatte, klebte in ganz Österreich an den Plakatwänden. 2004 wurde die Aktion unter dem Motto „Der Sommer schmeckt erfrischend Lemon" wiederholt. Und wieder stammte die Gewinnerin, Veronika Helletsberger, von der Kunstuniversität Linz. An der Uni hat man offenbar eine Menge Fanta-sie.

Steve Harrold, Coca-Cola Company, die Gewinnerin des Fanta Lemon Plakatwettbewerbs 2004 Veronika Helletsberger und Margareta Seiser, Coca-Cola Company

04

05 Scheiben-Kleister

Die ersten Fahrverkäufer hatten es schwer. Nicht nur, dass sich die Anstrengung in Kilos messen ließ, weil sie die Greißler und Wirte mit ihren Kisten abklappern und sie an Ort und Stelle mit Kostproben überzeugen mussten, es gab auch einen gewissen Frustpegel, dem man gewachsen sein musste.

Die Österreicher waren damals auf das Kracherl geeicht und „amerikanisches Saftl“ war trotz eines gewissen uncharmanten Untertons noch das Liebevollste, was die Fahrverkäufer über ihre Ware zu hören bekamen. Die Frage: „Was brauchen wir diese Wanzentinktur?“ ersetzte mitunter schon die Begrüßung, und weil zu der Zeit noch niemand etwas gegen politisch unkorrekte Ausdrucksweise hatte, sagten die Kunden frei heraus, was sie dachten. Von „Affenurin“ bis „Negerschweiß“.

Heribert P. Lovrek, Chef der Wienerberg Getränke GesmbH, trug zwar keine Kisten aus, aber die Sprachregelung der Skeptiker war ihm so geläufig wie jedem, der bei der Firma arbeitete. „Sie sind doch bei Coca-Cola?“, wollte ein Bekannter einmal von ihm wissen. „Ja“, gab Lovrek zu, „kennen Sie Coke?“ Der Bekannte nickte und meinte: „Und ich schätze es sehr.“ So etwas hörte Lovrek nicht ständig. „Freut mich“, sagte er, „schmeckt's Ihnen auch?“ Der Bekannte winkte ab: „Ach was, schmecken, ich trink's ja nicht. Aber es ist das Beste, um meine Windschutzscheibe damit zu enteisen.“ Es war nicht die letzte Zweckentfremdung, die Lovrek und seine Leute zur Kenntnis nehmen mussten.

Besonders bei Mechanikern und Hobbybastlern fand Coca-Cola breite Zustimmung. Zum Beispiel als Rostschutzmittel. Und gegen festgefahrene Schrauben. Mit einem Tröpfchen Coke gingen diese Arbeiten plötzlich wie geschmiert von der Hand.

Schanz, Lovrek und Oroszi (v. l. n. r.)

05

06 Der Konzessionär in Steyr

Wir befinden uns im Jahr 1960 nach Christus. Ganz Österreich wird von den Verkäufern eines seltsamen braunen Tranks umgarnt. Ganz Österreich? Nein! Eine von unbeugsamen Wirten bevölkerte Stadt hört nicht auf, den Eindringlingen Widerstand zu leisten. Und das Leben ist nicht leicht für die Greißler, die den Leibtrunk der amerikanischen Besatzer bereits nach dem großen Krieg gekostet und für bekömmlich befunden haben und ihn jetzt, wo es ihn endlich auch für Österreicher im Handel gibt, freudig an ihre Gäste ausschenken.

Der Name der Stadt? Steyr, eine kleine Stadt am Zusammenfluss von Enns und Steyr, bis 1955 Grenzort zwischen der amerikanischen und sowjetischen Besatzungszone. Aber das ist lange her. Jetzt ist man dort längst nicht mehr deprimiert. Die Einwohner gehen unbeschwert ihren Geschäften nach und der kleinste Anlass genügt, ein Festgelage abzuhalten. Nur die Wirte und Greißler liegen einander dabei in den Haaren. Das tun sie zwar von Natur aus, weil einer dem anderen die Kundschaft neidig ist. Aber in diesem Fall liegt die Sache etwas mehr im Argen. Die einen dulden keinen Zaubertrank in ihren Gastschenken, die anderen wollen weiter ihre Sesterze damit verdienen. Die Situation scheint aussichtslos. Vor allem für den Konzessionär, der in Frieden seine Ware ausliefern will. Und zwar an alle. Aber so sehr er die Wirte auch becirct, sie bleiben nicht nur hart, sie greifen zu ihrer einzigen Waffe: dem Streik. Wenn einer bei ihnen ein Gelage feiert, dann ohne das dunkelfarbene Gebräu. Ihr Ultimatum: „Solange ihr euren braunen Saft an die Greißler abgebt, kriegt ihr bei uns keinen Fuß in die Tür!"

So was lässt der Konzessionär natürlich nicht auf sich sitzen. Die Greißler schon gar nicht. Der Handel geht munter weiter. Die Wirte sind ein halbes Jahr beleidigt und füllen ihren Gästen die Kelche weiterhin mit allem, vom heimischen Wein bis zum heimischen

Schaufenstergestaltung in den 60ern

heißen Wasser mit einem Tropfen heimischer Milch. Das Teufelszeug aus Amerika kommt ihnen nicht in die Amphoren. Nie! Wenn da nicht eine aufmüpfige Gestalt inmitten der Verweigerer aus der Reihe getanzt wäre ...

In ihm erkennt der Konzessionär, immer noch tapfer dabei, die Wirte umzustimmen, einen früheren Freund, der nun der Wirt des Casino-Restaurants ist und nicht mehr länger die Augen vor dem Geschmack der Leute verschließen will, die dem verschmähten Getränk mittlerweile begeistert zusprechen. Er bestellt die Limonade, bricht damit den Streik und den Eigensinn der übrigen Wirte, die es ihm einer nach dem anderen gleichtun. Der Streit und Hader ist beigelegt, und gefeiert wird seither mit Festgelagen, bei denen überall auch Coca-Cola bestellt werden kann.

06

07 Die Eis-Maschine

Entweder die Amerikaner waren wirklich vergesslich oder es hatte jemand vergessen, sie zu erinnern. Tatsache ist: Die Besatzungstruppen zogen ab, die Eismaschine blieb. Und weil sie schon einmal die österreichische Staatsbürgerschaft hatte, tat sie auch jeden Tag ihren Dienst im Coca-Cola Betrieb in der Wiener Straße in Linz.

Da es die Fahrverkäufer waren, die täglich frisches Eis für ihre Kostprobenkisten brauchten (siehe auch die Story „Die Fahr-Verkäufer"), hatten sie auch die Eisproduktion über. Jeden Tag wurden die zwanzig 10 x 50 x 100 Zentimeter großen Blechbehälter, in denen das Eis entstand, mit Wasser befüllt und über Nacht in einer riesigen mit einer Solelösung gefüllten Wanne versenkt. Weil die Sole später friert als Wasser, konnten die mit einem Henkel ausgerüsteten Blechdinger tags darauf aus ihrem Bad gehoben und so lange abgespritzt werden, bis sich das Eis innen vom Blech gelöst hatte. Waren die Stangen gezogen, wie der Vorgang im Fachjargon hieß, legte man die Eisplatten auf den Boden – jeder Fahrverkäufer brach sich sein Stück herunter, zerkleinerte es mit dem Eispickel und füllte damit seine Kostprobenkiste. Dem Konsumenten war der ganze Aufwand nie bewusst. Er kennt nur die zwei Worte des Slogans, den die Werbung später aus dieser Prozedur machte: Coca-Cola eisgekühlt.

07

08 Die Fahr-Verkäufer

Man holte zwar nicht die Wäsche von der Leine und sperrte auch keine Töchter ins Hinterzimmer, wie es einst Usus war, wenn Musikanten in der Stadt waren. Aber eine gewisse Unruhe machte sich schon breit, wenn die Fahrverkäufer von Coca-Cola nahten. Heute, da man Coke im Supermarkt, an der Tankstelle, in Lokalen und bei den Automaten bekommt, kann man sich kaum vorstellen, dass man sich Ende der 50er des vorigen Jahrhunderts noch fast bekreuzigte, wenn wieder so ein Lastwagen mit dem „Ami-Gesöff" vor der Tür einparkte.

Und das Unbehagen war keineswegs einseitig. Den Männern am Steuer der Coca-Cola Wägen entfuhr ein mindestens so herzhafter Stoßseufzer, bevor sie wieder einem Wirt oder Greißler unter die Augen traten, der ihre Ware nicht oder nur vom Hörensagen kannte und sie nicht oder „vielleicht beim nächsten Mal" kennen lernen wollte. Der Job, eine so amerikanische Limonade mit einer so unsäglichen Farbe an den Mann bringen zu müssen, war hart. Hätten die Leute nicht so an die Zukunft dieses Getränks geglaubt, sie hätten niemals so hartnäckig sein können wie ihre Noch-nicht-Kunden stur waren.

Nur schleppend wurden aus den paar Flaschen, zu deren Kauf sich ein Wirt Ende der 50er durchringen konnte,

08

ein paar Kisten. Und schleppend ist, das können die Fahrverkäufer der ersten Stunde mit ihren Hexenschüssen belegen, im wahrsten Sinn des Wortes gemeint. Sie trugen verdammt schwer an ihrer Pionierarbeit: Kisten abladen, Kisten reinschleppen, das Nein des Wirtes auf den Buckel nehmen, Kisten rausschleppen, Kisten wieder aufladen. Und da reden wir noch gar nicht über die Eiskühler, die jeden Morgen frisch befüllt werden mussten, damit man die Kunden an Ort und Stelle davon überzeugen konnte, dass man ihnen nicht mit einem lauwarmen Angebot kam.

Die Eiskühler waren die Werbung der 50er Jahre. Plakate oder Radiospots hatten ihren großen Auftritt erst später, man verließ sich nicht auf Meinungsumfragen, man holte die Meinung noch selbst ein. Und jede davon zählte. Um die Kostproben griffbereit zu haben, waren Blechkisten, die 24 Flaschen eisgekühlt hielten, in die Rückwand der Lastwägen eingebaut. Apropos Lastwägen. Anfangs rückten die Fahrverkäufer in VW-Bussen aus, dann stiegen sie auf Klein-LKWs um: den ölgebremsten 385er und den 486er Steyr, den Hanomag, den berühmten Opel Blitz und den Mercedes L3000. Von dem gab es nur ein Exemplar bei Coca-Cola, das alle, die je mit ihm zu tun hatten, so beschäftigte, dass man sich bis heute daran erinnert.

Vollster Einsatz war Ehrensache. Und bei der Ehre packten sich die fahrenden Händler dann auch noch gegenseitig. Wenn einer nach dem anderen abends in der Firma eintrudelte, wurde der Umsatz verglichen. Vierzig Kisten war damals eine Glanzleistung, und es gab niemanden, der nicht glänzen wollte. Hatte man nur 37, und nicht ausgerechnet heute eine Frau daheim, die darauf wartete, den Hochzeitstag zu feiern, fuhr man eben noch einmal los. Irgendwie war man ja auch mit Coca-Cola verheiratet.

08

Ich bitt dich, Pepperl, kauf ihm ein paar Flaschen ab!

Es war immer dasselbe: Der Fahrverkäufer parkte sich ein, nahm eine Kostprobe aus dem Laderaum, betrat das feindliche Terrain und verwandelte sich in einen Alleinunterhalter. Ohne Schmäh ging ja gar nichts, wenn man jemandem zum Käufer machen wollte, der für etwas, das er seiner Ansicht nach gar nicht brauchte, auch noch vorab Geld auslegen sollte. Sobald von Flaschen- oder Kistenpfand die Rede war, war keine Rede mehr von einem Geschäft.

Außer es war einer dieser guten Tage in der Pionierarbeit der Fahrverkäufer der 30er, an denen ein Stammgast des Hauses an der Theke der Gastwirtschaft lehnte, das Trauerspiel nicht mehr mitansehen konnte, sich hilfreich ins Verkaufsgespräch einmischte und den Wirt bat: „Ich bitt dich, Pepperl, kauf ihm ein paar Flaschen ab!"

08

09 Coca-Cola und der Sport

„Coca-Cola. Köstlich! Erfrischend! Belebend! Anregend! Der neue, beliebte Soda Fountain Drink mit der Wirkung der herrlichen Coca-Pflanze und der berühmten Cola-Nuss!" Die Annonce, die erstmals am 29. Mai 1896 im Atlanta Journal erschien, barg wenig Hinweise auf einen Drink, der einmal eine unterstützende Rolle im Sport spielen würde.

Ein sattes Vierteljahrhundert später sah die Sache aber schon ganz anders aus. Bei den Olympischen Spielen 1928 trat Coca-Cola bereits als offizieller Sponsor auf. Eine Premiere, die sich die Company übrigens mit der halben Weltbevölkerung teilte. Denn erstmals nach ihrer bis dahin ebenso sporadischen wie umstrittenen Teilnahme waren in Amsterdam auch Frauen bei den Wettkämpfen zugelassen und durften in den Königsdisziplinen der Leichtathletik an den Start gehen. Als ältester Sponsor der Olympischen Spiele wollte sich Coca-Cola aber auch in den zwischen den Olympiaden liegenden Jahren nicht lumpen lassen. Seit den 1970ern ist die Company im Fußball fast ständig am Ball. In Österreich nimmt man sich des Volkssports Nummer eins sogar ganz besonders an und stärkt nicht nur den Spielern, sondern eben auch dem Volk den Rücken.

„Mehr Bewegung bringt mehr Lebensfreude" ist eine Philosophie, die Coca-Cola zwar nicht erfunden hat, aber mein Gott, der Papst hat sich auch nicht alles selber ausgedacht. Es genügt ja, das Beste für seine Überzeugung zu tun. Sportlich kann sich Coca-Cola Österreich da nicht allzu viel vorwerfen: Unter der Coca-Cola Sportinitiative laufen der Junior Marathon (siehe auch die Story „Raunz nicht, lauf!"), die Talent-Aktion (siehe auch die Story „Die Talent-Schmiede") oder die „Mach mit"-Initiative (siehe auch die Storys „Gut gelaufen" und „Der zwölfte Mann") – was für einen Limonadenhersteller eine gar nicht blamable Liste ergibt.

09

10 Der Tunnel-Blick

Sorgfältig visierte der Fahrer des Getränkelastwagens das Tor der Steinburg an. Der Weg vom Osten her auf den Vulkankegel im Südburgenland, vor allem das letzte Stück über den befestigten Torweg an der Nordseite des Schlosses, ist schon nicht ganz ohne, aber die Einfahrt ins Wildromantische ist was für Könner. Mit mehr als hundert Kisten Coke, Fanta und Sprite auf der Ladefläche wird so ein Burgtor leicht zum Nadelöhr. Aber mit halben Sachen braucht man den Veranstaltern des Güssinger Burgfestes gar nicht zu kommen.

Wenn hier gefeiert wird, dann richtig, so wie anno 1524, als König Ludwig II. die Festung den Batthyanys übertragen hat. Nur, dass es damals weder Lastwägen noch Coca-Cola gab. Dass es den Erbauern der Wehranlage im tiefsten Mittelalter an einem gewissen Weiblick ins Motorzeitalter gemangelt hat, wurde dem Fahrer aber erst auf dem Rückweg so recht bewusst. Irgendwie war das eh schon zierliche Tor noch ein Haucherl geschrumpft.

Als das Dach des LKW die alten Steine küßte, war ihm auch klar warum: Dem Radstand fehlte die Last der vollen Ladung, leer war der Wagen zehn Zentimeter höher als vorher. Noch sorgfältiger als er hereingefahren war, schob er zurück, lud die Ware wieder auf, fuhr erneut durchs Tor, lud wieder ab und schleppte seine Kisten zum zweiten Mal in den Burghof. Hätte ihm nachher einer gesagt, dass er auch ein bisschen Druck aus den Reifen hätte lassen können, er hätte sich schon sehr beherrschen müssen, damit dem Besserwisser nicht auch so ein bisschen Luft weggeblieben wäre.

Ein weiteres Nadelöhr in Oberösterreich

10

11 Der Keller-Trick

Er war nicht gerade leicht zu überzeugen gewesen, der Posch-Wirt. Sein Gasthof lag wunderschön bei den Krimmler Wasserfällen und war nicht auf dieses neumoderne Saftl angewiesen, um Gäste anzulocken. Und, ehrlich, als unwiderstehlicher Anreiz taugte eine Limo mit dem Spitznamen „Schuhpasta“ ja nicht unbedingt. Trotzdem hatte der Coca-Cola Fahrverkäufer Heinz Moser dem skeptischen Wirt zwei Kisten aufgeschwatzt. Er wischte sich den Schweiß von der Stirn und schickte ein schnelles Stoßgebet nach oben: „Bitte, lieber Gott, mach, dass der nächste Kunde mehr für Coca-Cola übrig hat. Oder wenigstens mehr Mitgefühl mit mir.“

An sich waren die Fahrverkäufer im Westen Österreichs solche Absatzschwierigkeiten nicht gewöhnt. Salzburg und Tirol waren amerikanische Besatzungszone und Coca-Cola hatte daher einen Bekanntheitsgrad, von dem man im Osten nur träumen konnte. 1951 war das Geschäft hier so richtig in Schwung gekommen. Kaum aus der Kaserne draußen, steuerte jeder Soldat die nächste Bar und ein eiskaltes Coke an. Die Wochenumsätze in diesen Etablissements waren sensationell. Dreißig, vierzig Kisten gingen da weg wie nix. Fünf Jahre lang war der Job der Lieferanten ein Kinderspiel. Dann fuhren die Amerikaner nach Hause. Und die Österreicher blieben auf ihren Kisten sitzen. Der Zivilverkauf war zäh wie ein altes Rind.

Eine Woche nach seinem Besuch beim Posch-Wirt wollte Moser wieder zwei Kisten loswerden. Als er mit seiner Last in den Keller ging, wäre er um ein Haar gestolpert. Über das Coke, das er sieben Tage zuvor an genau dieser Stelle abgeladen hatte. Mutlos stellte er die neuen Kisten daneben, setzte sich und erfand eine neue Verkaufsstrategie. Er schälte sich aus seiner Uniform, machte einen aufgeschlossenen Gast aus sich, setzte sich an einen der Tische im Garten und bestellte ein Coke. „Nie gehört", sagte die Kellnerin, „hamma net."

Darauf hatte Moser nur gewartet. Er schickte die Dame in den Keller, trank sein Coca-Cola und genoss die gute Aussicht. Seine verkäuferische Zukunft bei den Krimmler Wasserfällen war gesichert. Seine Strategie war doppelt genial: Erstens wusste die Kellnerin jetzt, dass es Coca-Cola gab und dass man welches im Haus hatte. Zweitens war die Kiste nun angebrochen und konnte nicht mehr retourniert werden. Der Posch-Wirt würde also alles daransetzen, das Zeug im Keller auch zu verkaufen. Und den Rest würden, war Moser sicher, die Gäste erledigen.

12 Alles im Kasten

So sieht dich dein Kunde

Die erste Hürde, um einen besonders einträglichen Arbeitstag gleich nach Dienstschluss im Casino zu feiern, hätten die Coca-Cola Fahrverkäufer zwischen 1969 und 1980 allemal geschafft. Ihre Krawatten saßen immer picobello. Sicher, die grünen Uniformen hätten sich vielleicht etwas mit dem Grün der Spieltische geschlagen, aber untertags gaben sie in Kombination mit den achteckigen Kapperln ein mehr als schmuckes Bild ab. Welches, sahen die Außendienstler jedes Mal, bevor sie die Firma verließen, in einem riesigen Spiegel, über dem stand: „So sieht dich dein Kunde". Ab 1987 sah er rot, die grüne Livree hatte ausgedient. Seit einigen Jahren hängen die Uniformen samt den weißen Mänteln, die die Tourenleiter innerhalb der Firma trugen, zum Bedauern vieler Mitarbeiter komplett im Schrank. Coca-Cola geht mit der Mode, seither sind Lieferanten und LKW-Fahrer eine bunte Truppe.

13

Der Fleisch gewordene Irrtum

Über Coca-Cola kann man ja viel sagen. Es schmeckt, es schmeckt nicht. Es ist cool, es ist zu warm. Es ist aus der Colanuss entstanden, es löst den Rost von alten Nägeln. Das Erste ist Geschmackssache. Beim Zweiten kommt's drauf an, ob ein Eiskasten in der Nähe ist. Das Dritte stimmt. Dass es ein darin eingelegtes Stück Fleisch über Nacht auffrisst und man sich vorstellen könne, was es erst an den Magenwänden anrichtet, stimmt nicht. Und das behauptet nicht Coca-Cola, sondern das versichert der Arzt und Autor Werner Bartens in seinem Buch „Lexikon der Medizin-Irrtümer", erschienen im Mai 2004 im Eichborn Verlag.

Fleisch, das in Coke übernachtet, schaue, so Bartens, tags darauf nicht eben appetitlich aus, aber es sei nach wie vor anwesend und nicht von der Limonade verdaut. Gegen die Magenwände kommt es deshalb nicht an, weil die mit einer robusten Schleimschicht überzogen sind, die sogar Alkohol und fettigen Speisen trotzt. Und im Darm ist Coke sogar höchst willkommen. Die enthaltene Phosphorsäure wird auch in der Medizin gegen Durchfall eingesetzt und wird in der – besonders Kindern einleuchtenden – Kombination mit Soletti von praktischen Ärzten als Hausmittel genannt.

Bleib
schlank
und
elastisch
Trink
Coca-Cola
SCHUTZ-MARKE
eisgekühlt

14

Die Coca-Cola Familie

„Wir suchen noch Fahrverkäufer, wenn ihr jemanden in eurem Familien- oder Bekanntenkreis wisst, der für uns arbeiten will, soll er sich bei mir melden", sagte Werner Höferer.

Der Verkaufsleiter von Linz sah erwartungsvoll in die Runde. Er sagte dieses Sprüchlein an einem Morgen im Jahr 1962, als Abschluss der täglichen einstündigen Schulung seiner fahrenden Händler. Coca-Cola war erst ein paar Jahrzehnte alt und vor allem auf die enthusiastische Mundpropaganda angewiesen, mit der die Leute ihre Ware anpriesen.

Diesmal bekam er gleich eine Antwort auf seine Bitte, die Sache sah gut aus. Ein Fahrverkäufer aus der Gruppe hatte einen Bruder mit Interesse. „Er soll sich bei mir vorstellen", sagte der Verkaufsleiter. „Das braucht er nicht", erwiderte der Mann, „der ist so wie ich." Na dann.

Coca-Cola Abfüllbetrieb in der Wiener Straße in Linz

15 Die Kombi-Meals

Eine der erfolgreichsten Marketingideen war noch gar nicht geboren, als bei Coca-Cola schon Kombi-Meals ausgeliefert wurden. Allerdings in etwas ungewöhnlicher Form: Coca-Cola und ein Kilo Rostbraten. Coca-Cola und ein Laib Brot. Coca-Cola und – was immer der Kunde sonst noch einzukaufen vergessen hatte. Nicht, dass die fremde Ware auf irgendeiner Bestellliste angeboten worden wäre, so was wäre Coca-Cola nie eingefallen. Die Kombination war bloß ein Freundschaftsdienst, den die Lieferanten ihren Kunden erwiesen. Vor allem im Westen Österreichs, wo Berghütten oder recht entlegene Gasthöfe angefahren wurden.

Begonnen hatte diese Praxis in den zähen Anfangsjahren, als sich die Kunden mit ihren Ordern so lange zierten, bis der Lieferant, der die Hoffnung ja nie aufgab, schon fast zur Familie gehörte. Wenn er dann endlich doch ein Geschäft machte, dachte sich niemand was dabei, wenn er in seinem Lastwagen auch das mitbrachte, was gerade im Haushalt fehlte. Erlaubt war das firmenintern natürlich nicht. Dass aber auch keiner das Herz hatte, es direkt zu verbieten, stellte sich spätestens dann als segensreiche Zögerlichkeit heraus, als Pepsi auf den Markt drängte. Das Konkurrenzprodukt abzulehnen, fiel den zufriedenen Coca-Cola Kunden wirklich nicht schwer, und die Pepsi-Leute bekamen immer wieder nur einen einzigen Satz zu hören: „Das kann ich meinem Lieferanten nicht antun."

In Ostösterreich sah man die Kombi-Regelung etwas enger. Als ein Linzer Coca-Cola Mann im November 1965 in der Wachau eine Kundeninventur machen sollte, war er deshalb nicht wenig erstaunt, als ein Kunde seiner Bestellung auch noch eine über „Wachauer-Schnitten" hinzufügte. Dass er sich darauf berief, nur Getränkelieferant zu sein, befremdete dann wiederum den Kunden. Bei seinem Kollegen, urgierte er, sei das noch nie ein Problem

gewesen. Eine kleine Provision, und die Wachauer-Schnitten waren so prompt da wie das Coke. Es dürfte das letzte Zubrot gewesen sein, das sich ein Fahrverkäufer verdienen durfte. Ab da waren die Nebengeschäfte Geschichte.

16 Eigen-Regie

Kino ist gut. Coke ist gut. Wie gut muss erst Coke mit Kino sein! Heute klingt die Idee etwas abgestanden. Kino ohne Coke ist nur das halbe Vergnügen. Aber in den 50er und 60er Jahren war beides noch ein Ereignis, und eins mit dem anderen anzubieten daher doppelt spannend. Vier Coca-Cola Marketingmitarbeiter, einer in Salzburg, einer in Innsbruck und zwei in Linz, setzten den Film, der in ihrem Kopf ablief, in die Tat um. Nach einer Ausbildung am Filmvorführapparat und einer Prüfung bei der Landesregierung hatten sie ihre Lizenz zum Filmvorführen – für „nicht brennbare Filme auf transportablen Koffergeräten".

Fernseher waren damals rar und Kinokarten teuer. Bei Coca-Cola bekam man die bewegten Bilder gratis, und die Säle, die in Gasthöfen oder Pfarren für die Land- oder Familienabende gemietet wurden, waren voll. Gezeigt wurden speziell für Coca-Cola hergestellte Filme. In 45 Minuten um die Welt ging es in der Dokumentation „Schöne weite Welt", ein anderer Streifen entführte die Zuschauer in den Kruger Nationalpark und ein dritter begleitete den Gletscherpiloten Hermann Geiger. Nach dem Hauptfilm folgte Zeichentrick in eigener Sache und ein Gewinnspiel. Wusste man, wann Coca-Cola erfunden worden war, hatte man gute Chancen auf einen Sechser-Flaschenträger.

Den Wirten war es mehr als recht. Sie hatten auch in der toten Zeit außerhalb der Ballsaison volle Häuser und die Coke Verkostungen nach den Filmen machten die Limo, die ja auch sie ausschenkten, bekannter. Nach und nach wurde das Coca-Cola Kino auch zu Sportveranstaltungen oder Jahresversammlungen eingeladen und fand sogar das Wohlwollen der Kirche. Als einmal ein Filmabend in Hinterstoder anstand, hatte der Pfarrer offenbar Sorge, dass die Leute die Ankündigungsplakate übersehen könnten, und schloss seine Messe etwas überraschend mit den Worten: „Morgen ist im Gasthof Huber ein Film von Coca-Cola. Der Eintritt ist frei, der Film ist vorzüglich."

17 Die Alpen-Tour

Man denkt sich ja wenig dabei, wenn man auf einer Berghütte ein Coke bestellt. Aber nach 75 Jahren ist es schon einmal schicklich, wenn man daran erinnert wird, dass es nicht dort oben wächst. Dass es irgendwie bis hier hinaufgekommen sein muss. Und dass das gar nicht so einfach ist, die Kunden knapp unterm Himmel zu beliefern.

Die anspruchsvollste Route aller österreichischen Coca-Cola Lieferanten heißt Alpentour. Sie startet in Innsbruck und führt über entlegenste Täler auf die höchsten Berge. Durchs Stubaital Richtung Gletscher zu drei, vier Almhütten, die ziemlich aus der Welt sind; ins Oberrisstal, wo Seilbahnen die Arbeit übernehmen; ins Schmirntal, auf den Patscherkofel und ins Karwendelgebirge, wo die Lieferanten ein Stück über Deutschland fahren müssen und dafür eine eigene Genehmigung brauchen.

Haarnadelkurvige Straßen gehören dabei zu den langweiligen Stellen. Um Stock und Stein, Schnee und Eis, Wurzelwerk und Schotterwege zu bewältigen, kann man die üblichen Lastwagen gleich vergessen. Früher waren es berggängige Mini-LKWs namens Unimog (Foto), die sportlich genug waren für die Alpentour, auf denen die Coke-Flaschen aber regelmäßig einfroren. Jetzt fahren die Lieferanten mit Toyota Landcruisern und sorgen dafür, dass man die Limo nicht mit dem Eispickel, sondern mit einem Strohhalm serviert bekommt. Aber wer denkt schon an so was, wenn er auf einer Berghütte ein Coke bestellt?

TRINK
Coca-Cola
T 20.494

Coca-Cola ist ein Hit

18

Dass ein Produkt ein echter Hit ist, sieht man an den Verkaufszahlen, man liest es in Bilanzen und man entnimmt es den Zeitungen. Dass man es auch in den Charts hört, ist schon etwas raffinierter. Und vermutlich deshalb bei Coca-Cola schon fast eine Hausregel. Das Rezept ist einfach. Man gebe einen Werbejingle in Auftrag, strecke ihn auf die Länge einer Single und warte, was passiert.

Als die völlig unbekannten Hillside Singers 1971 für ihren Jingle „I'd Like to Buy the World a Coke" trällerten, passierte es, dass die New Seekers daraus „I'd Like to Teach the World a Song" machten und einen weltweiten Erfolg landeten, der ein Millionenseller war. Coca-Cola war in die Hitparade aufgestiegen.

This song has broken new ground in the history of television advertising. As the sound track of a film showing young people from many nations singing about world-wide harmony, it has inspired a hit parade disc while the commercial itself has attracted unprecedented response from viewers.

Written by the successful British team of Roger Greenaway and Roger Cook, the song began as a radio commercial for Coca-Cola in America. It was immediately a smash hit and subsequently a T.V. commercial was built around the 'brotherhood of man' theme of the original song.

Plans were made to film young people on the South Downs in England, but a week's torrential rain forced the camera crew to retreat to Italy.

Here, in spite of another downpour, they managed to assemble a multi-national group from Rome Embassies and shoot the film. But not without a strong British influence, for the opening shot features a girl from London currently living in Rome.

The New Seekers, who sing the song on the commercial, asked The Coca-Cola Company, which owns the copyright, if they could record an adapted version.

The resulting "pop" disc "I'd like to Teach the World to Sing" is a best seller in many countries. The Coca-Cola Company is donating its share of the royalties to charity.

The version on this disc is the original sound-track recording by The New Seekers. On the reverse side is "It's the real thing" – an orchestrated arrangement of the catchy song which launched Coca-Cola into the seventies with a new slogan. This theme, written by William Backer and played here by The Ivor Raymonde Orchestra, can be recognised as the counter melody to the song "I'd Like to Buy the World a Coke".

So gesehen war der Titel „First Time" für den Werbejingle, der 1988 in Singlelänge aufgenommen wurde, eigentlich ganz falsch. Und noch etwas hakte an dem Konzept: Die Sängerin des Stücks, eine Backgroundstimme, die schon vorher mit David Bowie oder Chaka Khan gearbeitet hatte, war für – egal welches – erste Mal reichlich alt. Was allerdings erst auffiel, als die 30-jährige Robin Beck mit dem Song über Nacht zum Teeniestar wurde. Da hatte man also einen umwerfenden Erfolg, nur die Message war etwas über den Haufen geworfen. Immerhin sollte der Hitjingle eine Zielgruppe zum Kauf animieren, die weit jünger war als die Interpretin. Ein hübscher Zwiespalt für den Getränkehersteller.

Und eine nicht unattraktive Herausforderung für die Werber, die den Fall aber elegant lösten. Um die Fans nicht zu verwirren und gleichzeitig die Künstlerin nicht wie eine Spätzünderin dastehen zu lassen, machte man sie um vier Jahre jünger und die Sache hatte sich. Ihr Baujahr von 1956 auf 1960 zu liften, war kein Problem: Der kleinen, zierlichen Robin Beck sah man die Retusche der Natur nicht im Mindesten an.

Nach diesem Knüller, den noch heute jeder nachsingen kann, waren die Coca-Cola Jingle-Hits rund um den Jahrtausendwechsel in den Charts unüberhörbar. Blondie zum Beispiel reüssierte mit „Atomic", Etta James sang „I Just Want to Make Love to You", die Carpenters stellten klar „It's the Real Thing" und in Österreich landete mit „Chihuahua" DJ Bobo einen Hit. Die Liste ist damit noch lange nicht vollständig – keine Frage für Coca-Cola: „You Can't Beat The Feeling!"

Nur eine Produktion erlangte neben der musikalischen auch traurige Berühmtheit. Die Ballade „Holidays Are Coming" der Ex-La-Bouche-Sängerin Melanie Thornton war für ein

besonders frohes Weihnachtsfest gedacht, und weil's immer so prächtig funktioniert hatte, untermalte man damit nicht bloß den TV-Spot, man brachte den romantischen Wintersong erstmals gleich als Single heraus. Mit Erfolg. An dem Melanie Thornton leider nur kurz teilhatte. Genau einen Monat vor dem Heiligen Abend, am 24. November 2001, starb sie in Zürich beim Absturz der Unglücksmaschine der Schweizer Fluglinie Crossair. An die Zusammenarbeit mit Coca-Cola wird man sich noch lange erinnern: Auf ihrem letzten Album, das übrigens „Ready to Fly" hieß, hatte Thornton den Coke Song platziert. Unter dem im Nachhinein wehmütigen Titel „Wonderful Dream".

19

Heiße Begegnung

Es war sein erstes Mal. Er hatte schon geträumt davon. Er hatte sie mit beiden Händen fest gehalten, seine Lippen hatten sie berührt und er hatte das Prickeln gespürt, von dem alle redeten. Und dann war er immer aufgewacht, weil er nicht weitergewusst hatte.
Als Harald sie da stehen sah, wusste er: jetzt oder nie.
Bitte, der Zeitpunkt war nicht gerade günstig. High Noon am Wandertag mit der ganzen Schulklasse. Egal, wenn's pressiert, kümmert man sich nicht um Details. Seltsam, dass die anderen so achtlos an ihr vorbeigegangen sind, überlegte Harald, dann steuerte er auf die Kellnerin zu. Noch bevor er den Mund aufbrachte, wusste sie, was er wollte. „Zwei Schilling", sagte sie, ging zur Hausmauer und bückte sich. Ehrfürchtig nahm Harald die Flasche, die die Kellnerin aus der Holzkiste gefischt hatte, die da in der Mittagssonne nur auf ihn gewartet zu haben schien. „Danke", sagte er. „Ich mach's dir auf", sagte sie. Harald hechtete einen Meter zurück. Aus der Flasche quoll beigefarbener Schaum in großen Blasen. Zwei Schilling waren nicht wenig 1957, speziell für eine neue Erfahrung, von der man dann bloß noch halb so viel hatte. So hatte er sich sein erstes Coca-Cola nicht vorgestellt. Seltsam war, dass in der Flasche kaum was fehlte. Mit beiden Händen hielt er sie fest, seine Lippen berührten sie und er spürte das Prickeln, von dem alle redeten. Von der Limo spürte er nichts. Sie quoll im Mund genauso wie vorher aus der Flasche. Aber ausspucken kam nicht in Frage. Zwei Schilling! Runter mit dem Zeug. Harald war acht, als er das bacherlwarme erste Coke in sich reinwürgte.

Die Folgen waren interessant. Sieben Jahre lang konnte er die aufgeheizte Kohlensäure im Mund nicht vergessen. Dann kam er auf den Geschmack. Und als er alle möglichen anderen ersten Male hinter sich gebracht hatte und alt genug war, sich seine Schillinge selber zu verdienen, tat er das die nächsten Jahrzehnte bei Coca-Cola.

Bild linke Seite:
Mel Ramos, „Lola Cola",
Originallithographie 2004,
Galerie Hilger

Frost-Schutz

20

Was müssen wir tun, um uns vor kostspieligen Frostschäden zu schützen?

1. Das Vollgut darf auf dem Lieferwagen nicht dem Fahrtwind ausgesetzt sein. Das kann man dadurch erreichen, daß man die vollen Kisten mit einer Plane, mit Strohmatten oder mit einer Lage leerer Kisten abdeckt. Vorteilhaft hat sich die Mitverladung einiger mit heißem Wasser gefüllter Kanister ausgewirkt.
2. Nur so viel Kisten laden, wie wahrscheinlich verkauft werden können.
3. Bemerkt der Fahrer gefrorene Flaschen auf seinem Wagen, so sollte er zur Fabrik zurückfahren, um sein Vollgut gegen anderes aus dem Lagerraum auszutauschen.
4. Bei sehr starkem Frost ist für weite Liefertouren der Einsatz eines geschlossenen Fahrzeuges notwendig.
   (Steht es nicht zur Verfügung, so muß die Ladung mit Strohmatten oder einer guten Plane sorgfältig abgedeckt werden.)
5. Die Temperatur im Vollgutlager ist zu überwachen! Bei Lagerraumtemperaturen um 0° besteht auch hier Frostgefahr, besonders an mehreren aufeinanderfolgenden Feiertagen. Je weniger kalt die Kisten auf den Wagen kommen, desto später können sie gefrieren.
6. Wenn sich einzelne gefrorene Flaschen im Vollgutlager befinden, sollte man sie langsam auftauen lassen und genau aussortieren. Frostgeschädigte Flaschen sind in der Farbe deutlich heller als einwandfreies Vollgut.

Coca-Cola eisgekühlt

Coca-Cola eisgekühlt. Ein super Slogan. Besonders im Winter. Und in den Alpen. Die Fahrverkäufer in Tirol und Salzburg lieferten sich heiße Kämpfe mit Eis, Wind und Schnee. Jede Lieferung glich einer Expedition. Die Straßen zu den Kunden in den Bergen waren kurvig, rutschig oder vom Schnee verweht. Die Ladeflächen waren so vereist, dass die halbe Fracht bei all den Serpentinen in den Straßengraben schlitterte und erst im Frühjahr wieder auftauchte. Das Coke in den Flaschen gefror zu einem Block, der das Glas sprengte. Kamen die Männer endlich ans Ziel, waren ihre Lastwägen entweder fast leer oder voller Scherben und dunkelbrauner Eiskristalle.

Um den Lieferanten ihre Arbeit zu erleichtern, entwickelte man einen Winterleitfaden. Da das Vollgut nicht dem Fahrtwind ausgesetzt sein durfte, mussten die Kisten mit Planen, Strohmatten und einer Lage leerer Kisten abgeschirmt werden. Kanister mit heißem Wasser zwischen der Ware dienten als Frostschutz. Später baute man sogar eigene transportable Holzkohleöfen für die Ladeflächen. Was einen zusätzlichen Vorteil hatte: Coca-Cola kündigte sich mit Rauchzeichen an.

21 Bein-Arbeit

Wie gesagt: Geduldig

Heinz Moser war hartnäckig. Geduldig war er nicht. Wo immer er warten musste, konnte man darauf warten, dass er sich einen anderen Weg zum Ziel suchte.

Als der Coca-Cola Fahrverkäufer die Menschenmenge sah, war die Sache für ihn schon gelaufen. Für alle anderen war der Lärchwand-Schrägseilaufzug bei Kaprun vielleicht ein Segen. Für ihn hätten sie ihn nicht bauen müssen. Er war schließlich nicht auf Urlaub hier. Als Lieferant ließ er sich die technische Errungenschaft im Nationalpark Hohe Tauern ja noch einreden.

Aber als Kassier konnten sie ihn gern haben. Also lud er seine Kisten vom Wagen, die konnten auch ohne ihn Lift fahren, und ging zu Fuß auf die Bergstation. 3.400 Stufen. 431 Höhenmeter.
Wie gesagt: Moser war hartnäckig. Geduldig war er nicht.

Moser war hartnäckig.

war er nicht.

22 Die Blech-Trommel

Coca-Cola ist ein Erfrischungsgetränk, aber es gab Zeiten, da hatte es genau den gegenteiligen Effekt: Es erhitzte die Gemüter. Zuerst waren die Wirte auf die Greißler sauer, weil sie sich ständig gegenseitig Konkurrenz machten (siehe auch die Story „Der Konzessionär in Steyr"). Dann waren die Wirte und die Greißler endlich versöhnt und gemeinsam über Coca-Cola verärgert, weil ihnen die Firma neue Konkurrenz vor die Türen setzte. Und das Schlimmste an dem jüngsten Mitbewerber: Man konnte nicht mit ihm streiten, er war ein Blechtrottel.

Dass die Automaten nicht einmal Blech, sondern gar nicht zurückredeten, brachte ihre Gegner erst so richtig in Saft. Ihnen stumm das Geschäft zu versauen, war eine Gemeinheit, die nach einer autoritären Stimme verlangte. Man fand sie in der Bundeskammer, deren Vertreter zu Coca-Cola geschickt wurden, um „den schrecklichen Plan", die Blechverkäufer auch in Firmen aufzustellen, zu vereiteln. Das Argument: Wer sein Coke am Arbeitsplatz beim Automaten bekommt, braucht weder Wirt noch Greißler.

Zur letzten großen Schlacht rührte die Kammer die Werbe-Blechtrommel, nachdem gleich zwölf Automaten bei einem großen Elektronikkonzern postiert worden waren. Doch Coca-Cola hatte sich eine Abwehrtaktik zurechtgelegt, die aus einer einzigen Frage bestand: „Können Sie uns garantieren, dass der Greißler jeden Tag pünktlich um 10 Uhr eine Kiste Coke liefert?" Das Nein kam mit einem Seufzer und war wohl die kürzeste Kapitulationserklärung der Geschichte.

22

23 Die Mao-Bibel

Klosterneuburg liegt nicht ganz im Reich der Mitte. Aber der Hauptplatz liegt mitten in Klosterneuburg, da kann man sagen, was man will. Oder auch, was Mao wollte. Und genau das war dem Coca-Cola Kundenfahrer ein Anliegen, das er reichlich mit Cola Rot begossen hatte.

Dass er dabei wieder einmal das Coke vergessen und ein klitzekleines bisschen über den Durst getrunken hatte, machte ihn so wunderbar unabhängig von Zeit und Raum: Klosterneuburg hin oder her – er fühlte sich dem kommunistischen China nahe, der Flower-Power-Geisteshaltung verbunden und verherrlichte wie viele seiner Generation Maos große Kulturrevolution, wodurch das Establishment verärgert werden sollte.

Wie firm er bei Mao Tse-tungs Gedankengut war, konnte jeder hören, der an diesem Tag Ende der 60er Jahre auch nur entfernt an dem Lastwagen vorbeikam, von dem herunter der illuminierte Maoist die Lieblingspassagen aus Maos Bibel lallte. Je näher man kam, desto deutlicher wurden die Worte. Ein Umstand, der allerdings nur bedingt von Vorteil war: Maos Volksreden waren besonders dem jüngeren Publikum wenig geläufig, weshalb der Coca-Cola Mann der Ausdauer seiner Zuhörer mit einer Gratisflasche Coke nachhalf.

Ob so ein Anreiz aus dem Westen in Maos Sinn gewesen wäre, ist fraglich. Aber in diesem Fall auch völlig wurscht. Um wen zu finden, der die Antwort mit ihm diskutierte, hätte er ihm schon reichlich Rot ins Cola mischen müssen.

敬祝毛主席万寿无疆

24

Die Flasche, an der jeder hängt

Für Raymond Chandler war Mae West „eine Frau, für die ein Bischof die bunten Glasfenster seiner Kathedrale eintreten würde". Alexander Samuelson dürfte seiner Meinung gewesen sein. Ihren Hüftschwung hatte er vor Augen, als er 1915 den Originalentwurf für die 0,2-Liter-Flasche Coca-Cola zu Papier brachte.

Die Inspiration kam auf zwei Beinen, die sich in einer Art bewegten, dass von Gehen kaum noch die Rede sein konnte. Die Hollywoodschauspielerin, die für ihre provokanten Sprüche nicht weniger berühmt war als für ihre provokanten Kurven, beherrschte so ein gewisses träges Schleichen, begleitet von einem Wiegen der Hüften, das sie 1927 sogar vor Gericht brachte. In ihrem Theaterstück „Sex" hatte sie am Broadway im zweiten Akt einen Bauchtanz hingelegt, bei dem ein Polizist ihren Nabel gesehen haben wollte, der sich „von oben nach unten und von links nach rechts" bewegt habe. Auf die Nachfrage von Miss Wests Verteidiger nahm er das mit dem Nabel wieder zurück, blieb aber dabei, dass er „etwas sah in der Mitte, das sich von Ost nach West bewegte".

Nach West hatte sich zwölf Jahre davor eindeutig auch Samuelsons Zeichenstift bewegt. Und zwar so schwungvoll, dass seither jeder an der Flasche hängt. Unter Sammlern wird die „Hobbleskirt“ für ein paar Hundert Dollar pro Stück gehandelt. Im Museum of Modern Art in New York ist sie ausgestellt. Und sie symbolisiert einen Meilenstein in der Entwicklung des Verpackungsdesigns.

Samuelsons Vorgabe war nicht einfach. Die Flasche sollte auffallend, einprägsam, handlich und im Dunkeln unverwechselbar sein. Seine Lösung war simpel. Und wie alles Simple genial. Eine Hand voll Mae West, ein ins Glas eingeblasener Schriftzug. Ein Jahr nach dem Entwurf wurde die Form patentiert und blieb 41 Jahre lang unverändert im Handel. 1956 veränderte man den Entwurf leicht und ersetzte den plastisch-ornamentalen durch den weißen siebgedruckten Schriftzug. Früher spürte man ihn, seither kann man ihn nur noch lesen. Aber das ist auch schon alles, was Coca-Cola an Mae West zurechtrückte. Die Welt bedankte sich und rückte auch Mae Wests berühmtesten Ausspruch zurecht. „Freust du dich, mich zu sehen? Oder ist das eine Pistole in deiner Hosentasche“, hatte sie einst gefragt. Aber ehrlich: Was ist schon eine Pistole gegen diese Flasche Coke?

25

1 Der Streik um 1 Schilling

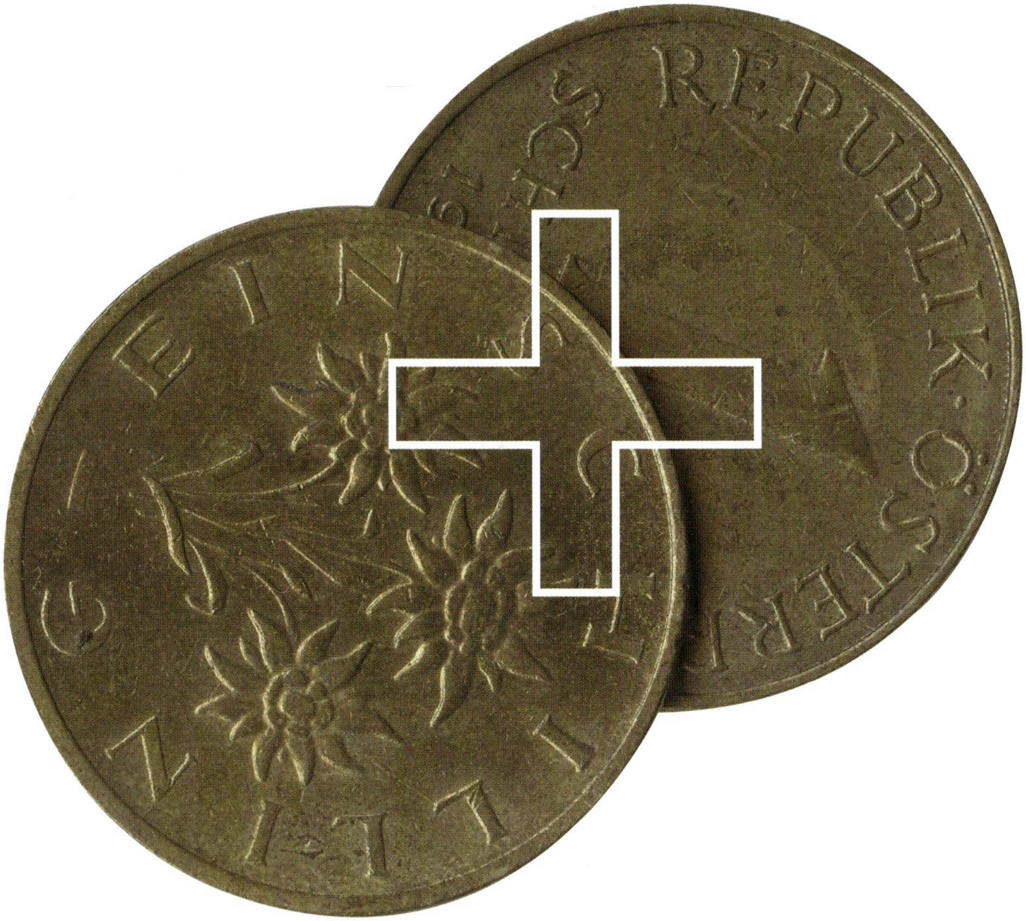

Es ging heiß her im Sommer 1969. Was allerdings nicht ausschließlich am Wetter lag. In der Coca-Cola Abfüllfabrik in der Triester Straße wurde gestreikt. 100 Coca-Cola Fahrer wollten einen Schilling mehr pro Stunde und hatten sich, nicht unklug, die günstigste Zeit für die Durchsetzung ihres Ansinnens ausgesucht: sengende Hitze, in der selbst die Nachfrage nach einer zu der Zeit noch eher mäßig bekannten Limonade gewaltig war.

Ein Schilling klingt im Nachhinein nicht nach einer rasend überspannten Forderung. Ende der 60er Jahre aber war ein Schilling noch ein Batzen Geld. Bei einem Stundenlohn von sechs Schilling und einer kleinen Provision pro verkaufter Kiste verhandelte man da nicht bloß über die ein halbes Jahrhundert später üblichen läppischen eineinhalb oder zwei Prozent Lohnerhöhung. Man wollte stramme 15 bis 20 Prozent mehr, was wiederum an einer imposanten Inflationsrate lag. Dass Coca-Cola Chef Heribert Lovrek diese Kröte nicht freiwillig schlucken wollte, ist verständlich. Drei Tage lang herrschte gewaltig dicke Luft in und um das Gebäude am Wienerberg. Damit das so blieb und keiner wankelmütig wurde, bewachte der spätere Betriebsratsboss Kurt Ludwig das Einfahrtstor. Streikbrecher konnte man nicht brauchen, wenn man sich gegen die Coca-Cola Familie auflehnte.

Drei Tage lang stand die Sonne eindeutig auf Seiten der Fahrer, sorgte für brennenden Durst in der Bevölkerung und für einen ausbaufähigen Engpass an Coke. So was treibt einen Firmenboss entweder zur Weißglut oder zur Einsicht. Als Sir, als der er überall bekannt war, entschied sich Heribert Lovrek für Letzteres. Nicht ganz unbeteiligt an der Einigung, so erzählt man sich, war der Cognac, mit dem der Coke Boss und die Chefverhandler der Streikpartie ihr Coca-Cola gestreckt haben. Die Fahrer bekamen ihren Schilling.

Das Goal mit dem Opernball

Es war das erfreulichste Kommando seit elf Jahren. Als das bislang letzte „Alles Walzer!" in der Wiener Oper ausgerufen worden war, war Österreich bereits besetzt gewesen und der Zweite Weltkrieg eine beschlossene Sache. Am 9. Februar 1956 klang die Aufforderung zum Tanz wie ein Halleluja. Und angestoßen wurde darauf nicht nur mit Champagner: Der Caterer des Balls, eine renommierte Konditorei, deren Vertrag mit Coca-Cola den Opernball mit einschloss, hatte auch Coke im Kühlfach. 34 Jahre lang. 1990 liebäugelten die Bundestheater mit der Konkurrenz und schenkten in ihren heiligen Hallen fortan nur noch Pepsi aus. Was Coca-Cola vor ein etwas pikantes Problem stellte. In der Loge, die Jahr für Jahr für die Firma reserviert war, konnte man den geladenen Granden aus den Chefetagen des Konzerns ja schlecht mit Pepsi kommen. Die Lösung war einfach und österreichisch: Man erklärte die Coke-Loge sozusagen zum exterritorialen Lieferantengebiet und brachte die Wegzehrung selber mit. Seither gibt es auch beim größten Society-Event des Landes wieder Coke bis zum letzten Walzer.

Beim Wiener Opernball in New York, der seit 2003 das Prädikat „original" tragen darf, war Coca-Cola dagegen eine Art Debütant. Seit Karl Altenhuber den traditionellen Prachtball dorthin exportiert hat, ist Coca-Cola in seiner flüssigen Form Stammgast.

Doug Daft (CEO von 2000–2004) mit Coca-Cola Senior Management und Gästen beim Opernball in Wien

27 Coole Tarnung

Litfaßsäulen sind eine nützliche Einrichtung. Sie stehen zwischen den Fußgängern auf dem Gehsteig herum und zeigen ihnen, was in der Stadt so los ist. Sie kündigen Kabaretts, Kleinkunstaufführungen und Konzerte an und gehören so zum Stadtbild, dass sie fast nicht mehr beachtet werden. Bis auf eine, die 1997 mit der Aufschrift „Kühlautomat" etwas mehr Aufmerksamkeit erregte.

Sie stand zwischen den Stationen von U- und Straßenbahn auf dem Reumannplatz, schräg gegenüber des legendären Wiener Eissalons Tichy, und hatte ein prickelndes Innenleben: einen Coca-Cola Automaten. Wienern im besten Alter wird da des Öfteren ein Witz eingefallen sein, der damals auch schon nicht mehr der jüngste war: Ein illuminierter Passant tastet sich im Dunkeln mit beiden Händen ein paar Mal um eine Litfaßsäule herum, um schließlich entsetzt festzustellen: „Um Gottes willen – lebendig eingemauert." In diesem Fall hätte er zumindest nicht verdursten müssen.

27

28 Kein Blech-Trottel

Er hieß Robby und war sehr höflich. Dass er aussah wie ein Verwandter des „Star Wars"-Droiden R2D2, war nicht weiter verblüffend. Robby war ein Roboter. Seinen ersten Job in Österreich hatte er 1981, als er die Besucher der Welser Messe begrüßte. Dafür, dass er, obwohl sein Rumpf aus einer Coca-Cola Dose bestand, kein Blech redete, hatten seine menschlichen Eltern gesorgt. Ein paar Standardfloskeln hatte man ihm einprogrammiert, auf alles andere antwortete er mit den Sätzen, die man ihm via Funk einspielte.

Was ihn nicht nur flexibel, sondern auch zum ORF-Star machte. In einer populären Radiosendung beantwortete er alle Fragen der zugeschalteten Hörer nach Alter, Herkunft, Fähigkeiten und Wohlbefinden aus dem Bauch. War mehr Hirn gefragt, verließ er sich lieber auf einen Spezialisten, der ihn technisch bei Laune hielt, und einen Souffleur, der ihm von Additionen bis zu achtstelligen Multiplikationen alles einsagte. Zuletzt sogar, dass er sein Verhältnis zur Damenwelt als ungestört betrachte. Nachsatz: „Jetzt werde ich noch roter, als ich sowieso schon bin."

Coca-Cola
Enjoy
Coca-Cola

Coca-Cola

29 Galerie Süd

Wie jede große Einfallsstraße in eine große Stadt ist auch die im Süden Wiens von einer atemberaubenden Eintönigkeit. Sie hört auf den Namen Triester Straße, aber jeder der täglich Zehntausenden Autofahrer, die sich auf ihr ans Stadtzentrum heranpirschen, weiß, dass man nicht weiter vom Italienischen entfernt sein könnte als in dieser größtenteils leeren Gegend am Pürzel von Wien, wo die längste Zeit nicht einmal ein Espresso zu kriegen war.

Als da 1956 auf einmal Leben an den Fahrbahnrand kam, war man über einen Stau, der die Autofahrer an dieser Stelle besonders gern ärgerte, direkt froh. Jeder wollte sehen, was es da zu sehen gab. Es war eine Massengeburt von Coca-Cola Nachwuchs, die man durch eine Galerie offener Fenster beobachten konnte. Die chromblitzenden Maschinen in der neuen Abfüllanlage, die da am laufenden Band braune Limo, oranges Fanta, später sonnengelbes Cappy oder kristallklares Sprite in die Flaschen laufen ließen, waren wie Autokino. Auf einmal hatte sogar die Südeinfahrt so etwas wie ein Dolce Vita. Das „Kino" an der Triester Straße existierte, bis es ein paar Opernball-Demonstranten in den 80er Jahren an den Stadtrand verschlug, wo sie die Glasscheiben der „Galerie" zertrümmerten. Wahrscheinlich hatten sie ihre Aggressionen deshalb aufgestaut, weil es auf dem Opernball kein Coca-Cola gab ...

Coca-Cola Abfüllfabrik am Wienerberg

30 Die Mond-Landung

Es ist ein kleiner Schritt in der Personalpolitik der Company. Aber ein großer für jeden, der ihn tun muss. Manche amerikanische Coca-Cola Manager, die, wie das durchaus üblich ist, aus den USA in eine leitende Position nach Österreich versetzt wurden, waren überzeugt davon, sie würden auf dem Mond landen. Da sie dort ihrer Meinung nach weder Erdnussbutter noch Cornflakes bekommen würden, kamen sie entsprechend ausgerüstet in Wien an. Mit Tonnen von allem im Gepäck, woran es ihnen in good old Europe fehlen könnte. Dass es in Vienna anfangs nur einen McDonald's auf dem Schwarzenbergplatz gab, sahen sie als Strafverschärfung an. Und sobald sie ein Loch in einem Zahn hatten, suchten sie sich eine Lücke im Terminkalender und flogen nach Hause. Es wird nicht überraschen, dass die neuen Stützen des Unternehmens dringend jemanden brauchten, der sich um sie kümmerte. In einem Fall vor gut zwanzig Jahren, als ein Finance Manager hierher beordert worden war, war das eine Assistentin der Geschäftsführung. Schon bei der ersten Aufgabe, bei der sie der Familie zur Hand gehen sollte, wurde ihr nicht fad. Gesucht wurde ein Haus. Besucht wurden viele. Aber keine der hübschen Villen in Grinzing, der Jugendstilunterkünfte in Hietzing oder der Prachtbuden in ganz Wien fand seinen Beifall. Irgendwann interessierte sich die Wienerin für den Grund der Unschlüssigkeit und erfuhr, dass die „bedrooms" nicht „of the same size" waren. Die Kinder hingegen schon. Sie waren 14 und 16 und hatten Anspruch auf exakt dieselbe Quadratmeteranzahl an Teenagerraum. Also pfiff man auf den Jugendstil und entschied sich für moderne Architektur. Nicht ganz so hübsch, aber penibel ausgemessen.

Die Freude der Assistentin darüber, dass der Job erledigt war, war von kurzer Dauer. Ein paar Tage nach dem Einzug läutete mitten in der Nacht das Telefon neben ihrem Bett. Dass er jetzt nicht mehr nach Atlantazeit lebte, war dem Finanzmann offenbar entfallen. „Excuse me", sagte er, „where is the damned switch for the fireplace?" ...

31 Der Bumper-Boom

Was genau sich Roger John Moore gedacht hat, als er das Bumper-Sticker-Gewinnspiel erfunden hat, weiß nur R. J. Moore. 1983 war Wien noch gar nicht anders, aber wer kann schon in einen australischen Coca-Cola Generaldirektor hineinschauen, der eine Werbeaktion trotzdem „Wien hat meine Wellenlänge“ nennt? Seine Vision hatte jedenfalls Zukunft. Das Spiel war ein voller Erfolg, und so viel weiß man von Generaldirektoren: Erfolg mögen sie.

Umso mehr, wenn dann auch noch die Kronen Zeitung ihren Lesern mitteilt, dass sie die Aktion für die „Promotion des Jahres“ hält. Immerhin wurden damals 280.000 Sticker verteilt, von denen sich jeder sechste Wiener Autofahrer einen auf den Wagen klebte. Dann musste er sich nur noch von einem „Späher“ entdecken lassen und auf Ö3 hören, dass er gewonnen hatte. 26 Tagessieger freuten sich zwischen dem 5. und 30. September 1983 über unverhoffte 2.000 Schilling. Und am 3. Oktober des Jahres fuhr der Hauptgewinner seinen Opel Taunus 1,6 GL mit dem Kennzeichen W 232 611 vermutlich fast in den Graben, als er mitbekam, dass er samt Ehefrau, oder von wem er sich sonst begleiten lassen wollte, mit dem Traumschiff von Genua nach Mombasa fahren würde. Den Preis im Wert von 200.000 Schilling überreichte ihm der damalige Geschäftsführer der Amatil in Wien und spätere Kurzzeit-Finanzminister Dr. Andreas Staribacher.

Moores Idee wurde dutzendfach kopiert, zuletzt 2004 beim Ö3-Gemeinde-Pickerl-Gewinnspiel. Die Regeln waren immer noch dieselben. Nur der Gewinn war gewachsen. Aber das versteht jeder Generaldirektor.

Coca-Cola

SCHUTZMARKE

Coca-Cola is it!

WIEN HAT MEINE WELLENLÄNGE

WICHTIGE INFORMATION AUF DER RÜCKSEITE.

DU KANNST EINEN DER DREI ROADRUNNER VON COCA-COLA GEWINNEN.

WENN DIESER KLEBER AUF DEINEM AUTO KLEBT.
Und zwar so, daß er nicht zu übersehen ist. Dann hast Du die besten Chancen.

WENN DICH EIN SPÄHER INS VISIER KRIEGT.
Vom 10.3. bis 25.4. sind in ganz Österreich Späher auf der Pirsch für Coca-Cola.
Die suchen nur nach Autos mit diesen Klebern und notieren die Kennzeichen. Unter diesen Nummern werden jeden Tag 6x 1000 Schilling verlost. Und alle notierten Nummern nehmen natürlich an der großen Verlosung der 3 VW-Roadrunner von Coca-Cola teil.

WENN DU UM 5 VOR ½7 Ö3 HÖRST.
Denn um 18.25 auf Ö3 kannst Du hören, ob Du gewonnen hast. Täglich, von Montag bis Freitag, und brandaktuell. Dann schickst Du eine Postkarte mit Deinem Namen, Deiner Anschrift und Deiner Autonummer an Coca-Cola, Kennwort „Freiheit auf Rädern", Postfach 179, 1232 Wien, und bekommst Deinen Gewinn zugesandt.

ODER WENN DU DIE NUMMER (0222) 1595 WÄHLST.
Hier hörst Du stets die Gewinner der letzten Woche. Gut möglich, daß Du dabei bist.

WENN DU NICHT FÜR COCA-COLA ARBEITEST.
Denn die Mitarbeiter der Coca-Cola Organisation und ihre Angehörigen dürfen leider nicht mitspielen.
Die große Schlußverlosung findet am 12. 5. 1986 statt. Der Rechtsweg ist ausgeschlossen. Die Preise können nicht in bar abgelöst werden. Über diese Aktion kann keine Korrespondenz geführt werden.
Heb Dir diese Information gut auf!

32 Das 24-Stunden-Coke

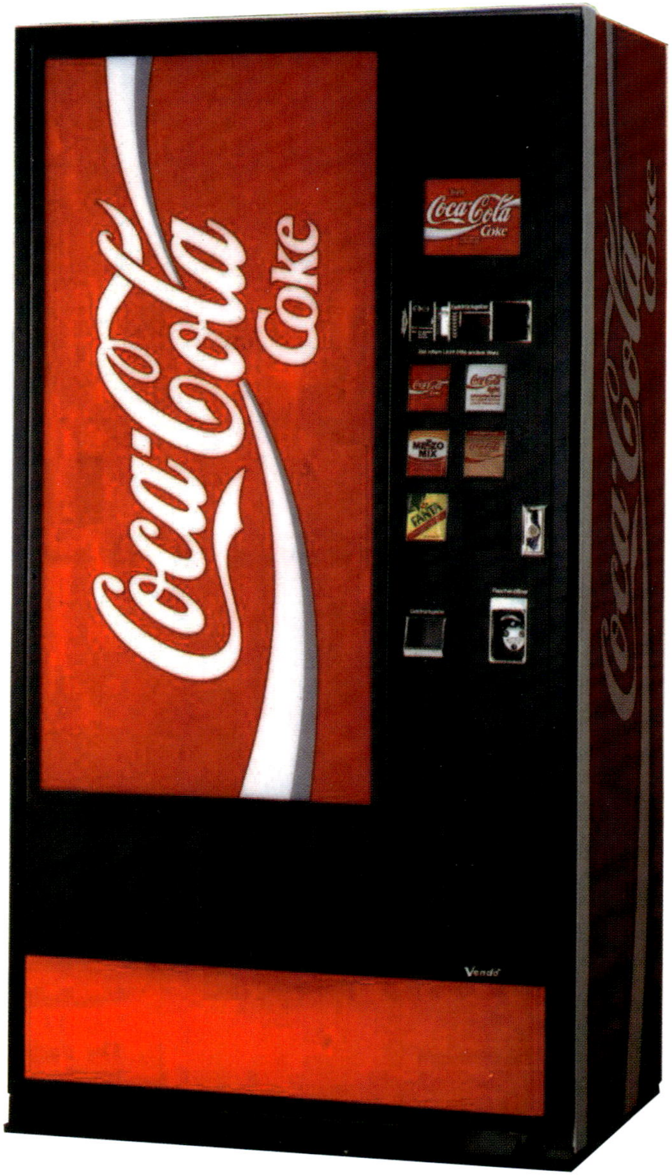

Es war ein ganz schöner Auflauf an der Stadtbahn-Haltestelle Alser Straße in Wien. Allerdings wartete niemand der Anwesenden auf den nächsten Zug. Es war der Zug der Zeit, den man hier 1985 abfahren sehen konnte: Wien bekam seinen ersten Coca-Cola Automaten, „um den wachsenden Wunsch unserer Konsumenten erfüllen zu können, ein Erfrischungsgetränk jederzeit und auf Armeslänge zu bekommen", erklärte der damalige Marktleiter für Verkaufshilfen, als er den allerersten „Kühlautomaten im Öffentlichkeitsbereich" in Betrieb nahm.

Der Ort der Präsentation war nicht zufällig gewählt. Sechs Straßenbahnlinien und die Stadtbahn (die wenige Jahre später zur U6 wurde) trafen hier aufeinander und spuckten alle paar Minuten ganze Waggonladungen durstiger Wiener aus. Gestern noch hätten sie nur im Supermarkt, im Restaurant oder in einer Bar etwas zu trinken bekommen. Ab nun bekamen sie es gegen Bares sofort, auf Knopfdruck und rund um die Uhr. Coca-Cola hatte sich von der Sperrstunde befreit.

33 Das Basis-Wissen

Die Basis für Coca-Cola international ist Wien. Und das nicht nur, weil sich Beverage Advanced Standard Information System zufällig mit BASIS abkürzen lässt. Sondern weil diese Buchstaben für das fortschrittlichste Getränke-Informationssystem der Welt stehen. Maßgeschneidert für das Coca-Cola Abfüllgeschäft und entwickelt in Wien. Dass das auch sehr am winterlichen Lieblingssport der zuständigen Computerspezialisten gelegen haben soll, die von hier aus nur einen Hupfer auf Österreichs Skipisten hatten, ist eine Geschichte, die sich nie wirklich dementieren ließ.

Die Abteilung, die BASIS erfand und es ständig wartet, erweitert und verbessert, heißt Coca-Cola Computer Services und ist eine High-Tech-Firma in der Firma. Ihr System hat es möglich gemacht, den Weg der Softdrinks vom Warenlager zum Kunden zu optimieren, mit ihrem System werden drei Viertel des gesamten Coke Business weltweit abgewickelt.

Die für den Laien völlig rätselhaften Melde-, Bestell-, Liefer- und Preiskalkulationssysteme und jede Menge gefinkelter Unterprogramme berücksichtigen jedes winzige Detail des großen Geschäfts, haben sämtliche marketingtechnischen Daten parat und erstellen Tausende Analysen. So genannte neuronale Netze denken fast selbstständig in die Zukunft und überlassen nichts dem Zufall. Sie errechnen, welche Rohstoffe notwendig sind, wie viele Getränke produziert werden müssen, welche Maschinen notwendig sind und auf welche Herausforderungen man gefasst sein muss.

Das Baby BASIS wurde 1971 geboren, zum Kleinkind gehätschelt und zum Teenager aufgezogen. Man stand die Krisen seiner Pubertät durch, unterzog es der Reifeprüfung und verlieh ihm den höchsten Ausbildungsgrad. 1997 gab es eine PC-Version davon, 1998 war es Euro-reif, 2001 webtauglich, 2002 bereits in 112 Ländern in Verwendung und seit 2003 können in das Informationssystem auch kleine Taschencomputer, so genannte Handhelds, integriert werden. BASIS ist mobil geworden. Aber zu Hause wird es sich immer in Wien fühlen.

34 Der Schlüssel zum Luftschloss

Für einen Generaldirektor war R. J. Moore ziemlich verspielt. Sicher, seine Ideen für Gewinnspiele waren werbetechnisch astreine Renner, aber er hatte ja auch eine Marketingabteilung, die nicht wirklich faul war. Trotzdem war er es, den kurz nach der Bumper-Sticker-Aktion auch der Geistesblitz für ein Coca-Cola Suchspiel traf. Und der Sieger sollte auch wie einer aussehen: Als Preis gab es einen Porsche 911 Turbo.

Um an den Coca-Cola-roten Flitzer zu kommen, musste man bloß dessen Schlüssel finden, der an sechs aufeinander folgenden Samstagen Anfang 1984 in Wien, irgendwo beim Donauturm, bei der Karlskirche, beim Riesenrad, auf der Jesuitenwiese im Prater, im Schwarzenbergpark in Neuwaldegg und auf der Donauinsel bei der Floridsdorfer Brücke, versteckt war. Die Schwierigkeit war nur, dass 59 andere Schlüssel auch versteckt waren. Und die passten nicht zum 911er. Die Hinweise auf die Schlüsselstellen erfuhr man aus der Kronen Zeitung oder per Telefon von einem Tonband. Jeden Samstag wurde der Porsche auf einem offenen Großraumlieferwagen von Amatil vorgefahren, damit jeder „schon in Gedanken in den Traumwagen einsteigen" konnte.

Ob man mit zweieinhalb schon solche Träume hat, konnte Andreas bei der Schlussveranstaltung auf der Donauinsel noch nicht sagen. Wenn man als Bub im Schwarzenbergpark einen Schlüssel findet, gibt man ihn den Eltern und die Geschichte hat sich. Allerdings nicht für Christiane und Johann Thyringer: Ihr Sohn hatte ihnen ein 900.000-Schilling-Geschenk zum fünften Hochzeitstag gemacht. Dass es ein Zweisitzer war, kann man in dem Alter ja noch nicht wissen.

34

35 Hinter den Kulissen

Auf so samtigen Pfoten ist noch kein Werbeerfolg dahergekommen. Als sich Andrew Lloyd Webbers „Cats" am 24. September 1983 auf der Bühne des Theaters an der Wien zur deutschsprachigen Erstaufführung versammelten, ahnte niemand, dass das jetzt noch sieben Jahre so weitergehen würde. Schon gar nicht Coca-Cola.

Die Leuchtreklame von unübersehbaren 3,8 mal 1,2 Metern und die 16 Coke Sitzdosen, die Teil der Kulisse waren, waren von den Bühnenbildnern so sauber platziert worden, dass die Company bis zur geplanten Absetzung des Musicals im Mai 1984 schon täglich ein mehr als zufriedenes Schnurren von sich geben hätte können.

500.000 Menschen, sagte man voraus, würden Grizabellas Aufstieg in den Katzenhimmel verfolgen. Nicht übel für ein Product Placing. Und dennoch nichts gegen die endgültige Bilanz: „Cats" lief sechseinhalb Jahre länger, als man sich hatte vorstellen können. 2.040 Mal ging der Vorhang über den Theater-Katzen auf dem Londoner Schrottplatz mit den Coke Requisiten auf und 2,2 Millionen Zuschauer applaudierten.

36

Die Coca-Cola Entführung

Es war das Gegenteil einer Fata Morgana. Als er seine Transportrodel mit den drei vollen Kisten Coca-Cola und Fanta in das Gasthaus hineinschob, stand der Lastwagen hinter ihm auf der Wiener Margaretenstraße. Als er mit seiner Transportrodel und den drei leeren Kisten Coca-Cola und Fanta wieder herauskam, war der LKW verschwunden. Dem Lieferanten fiel genau das ein, was jedem anderen einfällt, der sein Auto nicht mehr dort vorfindet, wo er es hingestellt hat. Vielleicht hab ich ihn um die Ecke geparkt? Nein. Womöglich bin ich zu Fuß gekommen? Vom zehnten in den fünften Bezirk? Eventuell hat ihn einer weggeschoben. Einen Lastwagen? Kann sein, da hat sich einer einen Scherz erlaubt? Mit einem Coca-Cola Wagen? Den wird doch nicht einer gestohlen haben? Bingo.

Und dann fiel ihm genau das nicht ein, was jedem anderen eingefallen wäre. Er dachte nicht daran, die Polizei zu rufen. Er ging zur nächsten Straßenbahnstation. Er hievte seine Kisten hinein. Er löste einen Fahrschein. Er fuhr zum Matzleinsdorfer Platz. Er stieg in den Bus um. Er stieg bei der Firmenzentrale aus und sagte: „Wisst ihr, was mir gerade passiert ist?"

Zwei Tage später tauchte der Lastwagen wieder auf. Alle vollen Kisten waren noch da. Alle leeren fehlten. Klar: Für Leergut gibt's Bares, mit Coke kann man nur den Durst löschen.

37 Das Schlüssel-Fieber

Am liebsten hätte er den Schlüssel geschluckt. Das Schloss, in das er vielleicht passte, war vermutlich so teuer wie sein erstes eigenes Auto. Und der Wagen, der vielleicht zum Schloss gehörte, war eins der kostspieligsten Autos der Welt. Ferrari Testarossa, 2,2 Millionen Schilling – das wusste der Verkäufer, nennen wir ihn Harald, seit die Idee zur zweiten Keymania im Hause Coca-Cola einige Monaten zuvor geboren worden war. Als man Jahre vorher den Porsche hatte gewinnen können, war er noch kein Mitglied der Coca-Cola Familie gewesen und jemand anderer hatte die Verantwortung am Schlüsselbund hängen gehabt. Aber jetzt stand er da, mit dem Schlüssel zur Freiheit auf vier Rädern, an einem Samstag, mitten in Graz, und sollte ihn möglichst unauffällig irgendwo verstecken.

Unauffällig. Das war das Schlüsselwort. Und kaum war es ausgesprochen, konnte der Befehl schon nicht mehr ausgeführt werden. Wer war schon unauffällig mit einem 2-Millionen-Ding in der verkrampften Faust? Dass es möglicherweise gar nicht der Richtige war, machte da gar keinen Unterschied. 120 Schlüssel wurden zwischen dem 20. Mai und dem 24. Juni 1989 in ganz Österreich versteckt. 60 im Westen, 60 im Osten. Zehn pro Woche. Und nur zwei passten am Ende zu den beiden Testarossas. Wer immer einen davon in der Hand hatte, war alles, nur nicht unauffällig.

Und prompt. Sämtliche Grazer dürften schon von der mordsmäßigen Promotion gehört, die Hinweise in der Kronen Zeitung gelesen oder das Tonband unter der Nummer 15 48 angerufen haben. Harald stand im Epizentrum der Schnitzeljagd und die halbe Stadt war bereits hinter ihm her. Kunststück, wer nicht überriss, dass er was loswerden wollte, hatte vermutlich schon einen Ferrari. Zehn Minuten lang versuchte Harald die Verfolger abzuschütteln, dann wechselte er die Taktik, schnäuzte sich, ließ den Schlüssel im Papiertaschentuch verschwinden, hoffte, dass nichts Unappetitliches an ihm haften bliebe, und versenkte ihn in einem Blumenkisterl. Geschafft.

Dabei hatte Harald noch eine gesittete Gefolgschaft erwischt. In anderen Städten kamen die Ferrarifans mit Hunden, Ferngläsern, Metalldetektoren und Funkgeräten. 200.000 Menschen waren wild entschlossen, einmal ordentlich Gas zu geben im Leben. Und sie hatten das Objekt ihrer Begierde immer so penetrant vor Augen, denn der Ferrari, der unter der Woche vor der Coca-Cola Firmenzentrale geparkt war, wurde jeden Samstag artig vorgeführt. 505 kg feinstes Blech, 4-Takt-Motor, 12-Zylinder, 4.942 ccm, 279 KW = 380 PS, von 0 auf 100 km/h in 5,8 Sekunden.

Nach sechs Wochen stieg das Schlüsselfieber auf den Höchststand. Zur Schlussveranstaltung auf der Wiener Donauinsel kamen Tausende Zuseher, um zuzuschauen, wie die 60 Hoffnungsvollen, die im Osten Österreichs einen Schlüssel gefunden hatten, ihn im Schloss umzudrehen versuchten. Als der damalige Amatil Generaldirektor Werner Stampach dem Gewinner die Wagenpapiere überreichte, sanken Harald schließlich noch einmal die Knie ein. Dieter Hainzl war aus Graz. Und er hielt seinen Schlüssel in der Hand.

Coca-Cola
DENZEL WIEN

koffeinhaltige Limonade
Cola

38 Wie auf Schienen

Hätte die Marketingaktion in Wien stattgefunden, sie hätte niemanden so richtig vom Sessel gerissen. Die Straßenbahnen in der Hauptstadt sind von Natur aus rot, da hätte man die Coca-Cola Tram schon in fliederfarbenem Neon durch die City schicken müssen, und das ist irgendwie nicht ganz der Sinn einer anständigen Marketingmaßnahme.

In Graz aber war die Aktion Gold wert. Zwischen den üblichen grünen Garnituren stach die knal rote Coca-Cola Bahn wirklich jedem ins Auge.

Es war perfekte Werbung, die da erstmals am 15. März 1991 von Amatil Graz auf Schiene gebracht worden war. Abwechselnd wurde die Coke Tram auf allen Grazer Linien eingesetzt und alle fuhren irgendwann auch durch die Fußgängerzone. Das Aufsehen war enorm. Und der Absatz entsprechend. Man stelle sich vor: Im gesamten Jahr 1990 waren in Graz insgesamt 72 Gelenkstriebwägen im Einsatz, die auf 15 Millionen zurückgelegten Kilometern 77 Millionen Fahrgäste beförderten. Wenn nur jeder zweite Coke getrunken hat ...

39 Die schwebende Jungfrau

Sie trat in der Klasse Federgewicht an und hatte das Zeug zur Unverwüstlichen. Sie hielt jeden Stoß aus, steckte die härtesten Schläge weg und ging ohne Folgen zu Boden. Sie war der Favorit aus dem Hause Coca-Cola. Leider war das 1990 nur im Kreise der eigenen Manager bekannt. Jetzt ging es darum, auch die Skeptiker davon zu überzeugen, sie in ihre Reihen aufzunehmen.

Aber man war gut gerüstet für den Siegeszug der 1,5-Liter-RefPET-Flasche. Die gute alte Glasbottle in den Supermärkten zu ersetzen, war zweifellos die richtige Entscheidung. PET steht für Polyethylenterephthalat und ist ein durch Polykondensation hergestellter thermoplastischer Kunststoff aus der Familie der Polyester. Der Flasche Vorteil lag zwar klar auf der Hand – eine leere Zwölferkiste mit Glasflaschen war fast so schwer wie eine volle RefPET-Einheit –, aber man kannte die misstrauischen Gemüter unter den Einkäufern; sie hatten einen Haufen Gene, die sich bis zum ungläubigen Thomas zurückverfolgen ließen. Es war besser, ihnen das kleine Wunder so vor Augen zu führen, dass sie sie nicht mehr vor den Vorteilen verschließen konnten.

Der Trick war einfach: Man kündigte sich an, klopfte an die Tür und ließ das neue Leichtgewicht voll mit Coke an einem gasgefüllten Ballon ins jeweilige Büro schweben. Als Vorhut sozusagen. Dann stach man den Ballon kaputt – die schwebende Jungfrau namens RefPet knallte auf den Boden und blieb dennoch ganz.

Das Kunststück funktionierte wunderbar. Nur einmal platzte dem Polyester der Kragen, das Büro sah aus, als ... Na ja, Schwamm drüber.

40

Ein Hoppala in Übergröße

Unter den anderen Limonadenflaschen sah sie aus wie zwei Öltanks und ein Doppler Wein wirkte plötzlich zierlich neben ihr. Als die 2,5-Liter-PET-Einwegflasche im März 1994 erstmals in den Regalen stand, konnte man sie nur mit einer Augenbinde übersehen. Man war sicher, mit zwei, drei solcher Kaliber eine Mordsparty feiern zu können. Selbst wenn man die Trapp-Familie dazu einladen würde.

Die Leute mochten die „neue Packungsgröße", aus der im Sprachgebrauch rasch „The Big One" wurde, auf Anhieb. Die unzerbrechlichen und recyclebaren PET-Flaschen waren schon in ihren zierlicheren Ausführungen beliebter gewesen als die aus Glas. Und The Big One war jetzt auch noch ideal für die Familie, kaum schwerer als ihre zweieinhalb Liter Inhalt und preislich ein Riesenvorteil. Drei Argumente, die in der Abfüllanlage dann auch für eine gröbere Umstellung sorgten: Nach Coke wurden auch Coke light, Fanta und Sprite in Übergröße produziert.

Die Übergröße hatte auch ein Hoppala, das bei der Konzeption passiert war: Die mächtige Flasche passte nicht in die standardisierten Seitenfächer eines Kühlschranks, sie ließ sich nur im Liegen abkühlen. Gestört hat das kaum wen, the Big One war ein Big Seller, bis sie später durch die hübsch geschwungene 2-Liter-Konturflasche ersetzt wurde.

41 Bau-Meister

Die Dosen-Burg

Es war einmal ... im Mittelalter, als es in Österreich noch einen Supermarkt namens Konsum gab – das war 1987. Der Standort auf dem Parkplatz des KGM Nord in Wien Floridsdorf war nicht schlecht für eine Burg. Die breite Fläche war gut überschaubar, man sah die Besucher von weither kommen und jeder von ihnen war durstig. So hatten es sich die Coca-Cola Ritter vorgestellt, als sie das blecherne Camelot aufgestellt hatten. Europas größte Dosenburg sollte es werden und 250.000 Dosen Coke, Coke light, Fanta und – damals noch im Sortiment – Kräuter Lift machten den Rekord perfekt.

Im Inneren der Palettenfestung herrschte reges Markttreiben. Kostproben- und Verkaufsstände wurden ständig hartnäckig belagert und die Leute schleppten ganze Kartons zum Dosenburgpreis von 99,90 Schilling hinaus.

Als Minnesänger hatte man eine Rockband zu Gast und der Marktschreier von Ö3 machte seine Sache auch nicht schlecht. Nur die Ritter fühlten sich etwas beengt, ein bisschen unbequem war es schon in den Rüstungen. Und das änderte sich auch nicht, obwohl es in der Burg, die ja stückweise verkauft wurde, nach und nach immer luftiger wurde. Aber Ritter haben ihre Ehre, und auch als die Zinnen und Türme bereits abgetragen waren und sie nur noch in den Ruinen standen, legte keiner sein Blech ab.

Coca-Cola
ABVERKAUF VON DER DOSENBURG
COCA-COLA FANTA SPRITE COKE LIGHT
JE KARTON ZUM SUPERPREIS:
S 99,90
Die größte Dosenburg Europas
¼ Million Dosen
AUS DEM HAUSE
Coca-Cola
uropa's grosste
Dosenburg
99,90

GRÖSSTES COCA-COLA
DOSEN-STADION
WM 90
Coca Cola,
Coca Cola light,
Fanta oder Sprite
24 × 0,33 lt. Ds.
Coca Cola,
Coca Cola light,
Fanta oder Sprite
24 × 0,33 lt. Ds.

41

Das Dosen-Stadion

Das erste Qualifikationsspiel gegen die UdSSR war gleich eine Niederlage. Aber danach kamen die Österreicher in Schuss. Gegen die Türkei siegten sie 3:2, die Matches gegen die DDR und Island gingen unentschieden aus. Das Rückspiel gegen Island gewann Österreich 2:1, in dem gegen die Russen fiel von beiden Seiten kein Tor. Die Türkei revanchierte sich zwar mit einem 3:0-Sieg, aber den machten wir mit einem 3:0 gegen die DDR wieder wett. Der Aufstieg in die Endrunde war geschafft. Italien, die Tschechoslowakei und die USA sollten unsere Gegner in der Gruppe A der ersten Finalrunde sein und man erwartete sich den Aufstieg ins Achtelfinale. Immerhin wurden im Vorfeld die Spanier und die Holländer jeweils mit 3:2 bezwungen und dem Weltmeister Argentinien konnte man ein 1:1 abringen. Das verlorene Spiel gegen Italien mit 0:1 war ein Dämpfer, aber noch war alles offen.

Die WM 1990 in Italien hatte landesweit hohes Fußballfieber ausgelöst. Und Coca-Cola auf eine Idee gebracht. Wenn du nicht ins Stadion kommst, dann kommt das Stadion eben zu dir, beschloss man, und baute vor der ehemaligen Huma-Filiale in Wien Simmering praktisch über Nacht eine Tribüne aus 135 Dosenpaletten. Wer dort zwischen dem 1. und 16. Juli ein Tor schoss, gewann T-Shirts, Fußbälle und WM-Maskottchen. Und knapp daneben war auch nicht vorbei, in dem Fall gab es Coke Produkte zum Kosten. Vor dem zweiten Spiel der Österreicher gegen die Tschechen war das Ballfieber in Italien und im Dosenstadion auf dem Höhepunkt. Und dann passierte es. Toni Pfeffer passte im falschen Moment zurück zum Torwart, der wusste sich nur noch durch ein Foul zu helfen. Ergebnis: Elfmeter und 1:0 für den Gegner. Endstation für Österreich, da half auch ein 2:1 gegen die USA nichts mehr. Das Dosenstadion dagegen war ein voller Erfolg. 70 Paletten Coke waren im Handumdrehen verkauft.

42 Coke mit Eis und Bären

Als Ken Stewart über der Coca-Cola Werbekampagne 1993 brütete, hatte er keine Ruhe. Sein Hund war gerade einmal ein paar Wochen alt und hatte keinerlei Verständnis für kreative Kopfgeburten. Stewart war eben dabei, langsam zu verzweifeln, als ihn die vier tapsigen Pfoten und das faltige, fast weiße Fell des Welpen auf eine Idee brachten. „Die" Idee.

Die computeranimierten Eisbären, die dann im Rahmen der „Always Coca-Cola" Kampagne unter dem Motto „Nordlichter" über die Fernsehschirme tollten, waren fast noch putziger als Stewarts lebendiges Vorbild. Gemeinsam mit der Animationsfirma Rhythm & Hues hatte Stewart die Zeit aufgeholt, die ihn sein Welpe gekostet hatte. In nur zwölf Wochen war die Bärenfamilie zum Leben erweckt worden. Zu einem Leben, das dem wirklichen aufs Haar glich, sofern man davon absieht, dass echte Polarbären keine Coke Light Flaschen aufmachen können. Das Team hatte die Bewegungsabläufe der Tiere bis ins kleinste Detail studiert und sie auf so genannten „Space Age"-Computern mit speziellen „State of the Art"-Programmen digital umgesetzt.

Stewarts Welpe war von den neuen Verwandten ebenso begeistert wie der Rest der Welt, der einen Fernseher zu Hause hatte.

Dass Coca-Cola den Eisbären treu blieb, ist da nicht weiter verwunderlich. 1994 durften die Bären in zwei Spots zu den Olympischen Winterspielen schlitteln und Ski springen und seither tauchten sie im Winter immer wieder aus dem Eismeer oder im Plüschpelz auf.

Coca-Cola Österreich fand eine besonders nette Aufgabe für die Polarbewohner aus dem Digi-Tal. Die Firma sponsert die Eisbären im Tiergarten Schönbrunn und machte die Coke Bären damit zu ihren großen Brüdern.

43 Werksspionage in eigener Sache

Wer den Produktionsablauf einmal gesehen hat, weiß: Coke steht unter Beobachtung. Vor, während und nach der Produktion. Mehr als Tausend Mitarbeiter lassen die Herstellung der braunen Limo keine Sekunde lang aus den Augen und garantieren die Qualität in dreifacher Hinsicht: geschmacklich, optisch und mikrobiologisch.

Sobald die Zulieferstoffe eintreffen, haben sie keine Intimsphäre mehr. Wie überall auf der Welt wird Coke auch in Österreich nach dem gleichen System mit den modernsten technischen Einrichtungen und denselben Qualitätsansprüchen hergestellt und abgefüllt. Verwendet wird nur bakteriologisch reines, absolut geruch- und farbloses Trinkwasser, das den strengen Normen der Company entspricht. Der berühmte Sirup entsteht durch die Vermengung von Coca-Cola Konzentrat mit Wasser und Zucker in riesigen Edelstahltanks, die etwa 10.000 Liter fassen. Der so entstandene Sirup wird mit gekühltem, reinem und mit Kohlesäure gesättigtem Wasser vermischt. Währenddessen werden die Flaschen in einem aufwändigen, mehrgängigen Prozess für die Abfüllung vorbereitet. In Tauchbädern werden sie mit hochwirksamen Reinigungslösungen gereinigt und mit Trinkwasser gespült. Die Prüfung der Flaschen erfolgt in einer visuellen Durchleuchtungsstation, wo sie nochmals einen elektronischen Flascheninspektor passieren. Während des Abfüllvorgangs werden halbstündlich Proben gezogen, nach der Befüllung werden die Bottles luftdicht verschlossen und an der Vollglutkontrolle ein weiteres Mal unter die Lupe genommen.

Alles in allem wird das Getränk niemals sich selbst überlassen – von der Anlieferung seiner Bestandteile bis zur Landung in irgendeinem Einkaufskorb. Denn selbst noch im Supermarkt holen sich anonyme Shopper ihre Stichproben vom Regal. Sorgfältiger kann man Werksspionage in eigener Sache kaum betreiben.

Coca-Cola
fanta

44 Die Folklore-Flasche

Coca-Cola ist so amerikanisch wie die Stars and Stripes. Aber wenn man es in Österreich trinkt, rinnt einem trotzdem das hiesige Nationalgetränk durch die Kehle. Diesem Phänomen ein kleines Denkmal zu setzen, war die Idee hinter einem Wettbewerb, den Coca-Cola Österreich 1997 ausschrieb: 500 Schulklassen waren eingeladen, die heimische Variante der berühmten Konturflasche zu entwerfen. Den Sieger der „Coke Art – Folk Art“ zu ermitteln, war bei den vielen tollen Entwürfen nicht einfach, aber da es halt schon einmal einen Sieger geben musste, entschied man sich für einen Entwurf der Schule des Stiftes Zwettl, der die Coke Flasche in einer Schneekugel zeigte. Verwirklicht wurde das Schaustück von Michelle Laker samt einem Team von Studenten der Akademie der bildenden Künste, die die Wiener Sehenswürdigkeiten und eine Figur des Walzerkönigs Johann Strauß um die Konturflasche gruppierten und drum herum eine ein Meter fünfzig große Acrylglaskugel bauten.

Um auch die anderen sehenswerten Einsendungen nicht unter den Tisch fallen lassen zu müssen, stellte man vierzig der Österreich-Flaschen 1998 im Wiener Rathaus aus. Die 30.000 Besucher dieser „Coke Art – Folk Art“-Vernissage in Wien waren aber quasi nur eine Vorhut, die Ausstellung, die zum Beispiel auch auf der EXPO in Lissabon zu sehen war, ging um die ganze Welt. Zuletzt landete das prämierte Siegerstück in der Coca-Cola Zentrale in Atlanta.

TASHKENT
Coca-Cola

Coca-Cola

FOLK ART – COKE ART
UNSER ENTWURF
10
AUF DIESER SEITE BITTE DEN ENTWURF ABBILDEN.

COKE ART
COKE ART
COKE ART

Der Nabel der Welt

Wenn manche Manager nicht so einen kleinen Größenwahn gehabt hätten, wäre es mit dem Stellenwert Wiens als einer der fünf weltweit wichtigsten Coca-Cola Dependancen Essig gewesen. Und das ist nicht nur so dahingeschrieben: Wien ist, was die wenigsten wissen, tatsächlich eine der fünf strategischen Coca-Cola Zentralen. Und vorher war es eine Essigfabrik.

Den Größenwahn hatte ein Manager des Region Office in den 70er Jahren entwickelt. Er baute auf dem Gelände der früheren Essigfabrik, auf dem Coca-Cola fortan sein Konzentrat mischte, ein EDV-Zentrum von galaktischen Ausmaßen. Wozu das hier gebraucht würde, fragte man sich bei Coca-Cola so lange, bis man nicht wusste, wohin man mit den Coca-Cola Services sollte, jener Softwareabteilung, die 1971 das BASIS-Computerprogramm ausgetüftelt hatte. Die Antwort lag an der Triester Straße. Und in den gähnend leeren Büros, die Platz genug boten, um alle EDV der Company zu beherbergen. Wobei auch „alle EDV" kein leeres Wort ist: Mit dem Programm wurden alle Coca-Cola Länder rund um den Erdball versorgt.

Dass sich auch die Deutschen, die früher für Coca-Cola Österreich zuständig waren, Wien aussuchten, um die Osteuropa-Zentrale praktischerweise hierher zu verlegen, gab einen weiteren Ausschlag, um das winzige Österreich auf der Coca-Cola Landkarte zu einem fetten Punkt zu machen. Die so genannte BAR Region, also Bulgarien, Algerien und Rumänien, war bereits davor von Wien aus betreut worden. Nach und nach kamen immer mehr Länder hinzu, bis sich die Triester Straße zum Sitz der Coca-Cola Central Europe, Eurasia & Middle East Group (CEEMG) auswuchs, die heute das Geschäft mit den Abfüllern in den ihr untergeordneten Ländern abwickelt.

Von Wien aus wird ein wirklich sehenswertes Imperium verwaltet. Dem Präsidenten der Gruppe, Cem M. Kozlu, unterstehen 51 Länder mit einer Gesamtbevölkerung von 927 Millionen Menschen, die 55 verschiedene Sprachen sprechen und sich zu 27 unterschiedlichen Religionen bekennen. Der Markt, der von Wien aus kontrolliert wird, erstreckt sich von Albanien bis Zypern, von Bahrain bis zum Jemen, von Usbekistan und Turkmenistan bis zum Iran. Dass der Begriff „Group" nicht so grandios klingt, wie es ihm seiner Bedeutung nach zustünde, liegt an der Coca-Cola Diktion, die den Globus lapidar in Countries, Regions, Divisions und Groups/SBUs (Strategic Business Units), von denen es auf jedem Kontinent nur eine gibt, einteilt. Nur, die Luft, die man auf dem Level der Groups atmet, ist schon ziemlich dünn. Darüber ist nicht mehr viel Abstand bis zum Chef der Coca-Cola Company in Atlanta.

Hubert Windisch, Facilities Manager und die gute Seele der Triester Straße, der 2003 leider viel zu früh verstarb

Cem M. Kozlu, President Coca-Cola CEEMG, und Steve Dwobeng, HR Director, bei der Widmung des Hubert-Windisch-Konferenzraumes

Neville Isdell, derzeitiger CEO der Coca-Cola Company, war schon früher als Division President der Coca-Cola Company und Managing Director von Coca-Cola Beverages mit Österreich eng verbunden

Der Jäger und Sammler

46

Irgendwas ist da passiert im genetischen Programm. Vielleicht war der Techniker abgelenkt, als er Alfred Mathaes Anlagen und Neigungen festlegte. Oder sein Gerät ist hängen geblieben und hat irrtümlich die dreifache Dosis Jäger und Sammler in die männliche Standardausrüstung gepumpt. Da dem Mann ansonsten nichts fehlte, ließ man ihn die Kontrollstellen aber anstandslos passieren und schickte ihn als tadelloses Modell der Serie 1945 auf die Erde. 24 Jahre lang ging alles gut. Bis zum 21. April 1969. Da heuerte Alfred Mathae bei Coca-Cola an.

Ein paar Monate beherrschte er sich noch, aber dann war sein Sammlertrieb nicht mehr zu halten. Egal, was ihm in die Hände fiel, wenn Coca-Cola drauf stand, gehörte es schon ihm. Und ihm fiel so einiges in die Hände in all den Jahrzehnten, die er zuerst als Bei- und Verkaufsfahrer verbrachte, dann mit der Einschulung neuer Fahrer und in letzter Zeit in der Event-Abteilung, wo er etwa den Wien-Marathon oder Ski-WM-Rennen betreut.

Alle seine 10.000 Beutestücke aufzulisten, ist ihm bis jetzt selber nicht gelungen. Nach und nach füllte sich ein Zimmer nach dem anderen in seinem Haus in Theresienfeld bei Wiener Neustadt, das jetzt eine Coca-Cola WG mit Tausenden Untermietern ist. Im Vorzimmer logieren Coke Schirme, sämtliche Vitrinen des Wohnzimmers sind übervoll mit Dosen, Büchern oder Bildern. Was genau im Keller herumkugelt, ist nicht mehr überschaubar, weil sich jeder, der die Tür mehr als einen Spalt öffnet, unter den Versatzstücken aus fast sechs Jahrzehnten Coca-Cola begräbt. Da gibt es zum Beispiel 500 Pins, ebenso viele Flaschen aus aller Welt und an die 800 Dosen – darunter die erste, die in Österreich auf den Markt kam. Ungezählt die Schilder, Verkaufsständer, Plakate, Gläser, T-Shirts, Kappen und Videokassetten, die schriftlichen Unterlagen, alten Dokumente und die Negative aller Fotos, die Mathae seit seinen ersten Tagen in der Firma geschossen hat. Und das sind nur Kleinformate. Um einiges größer sind die Automaten und Kühltruhen aus den Fifties, Sixties und Seventies; am wertvollsten sind ein runder Coke Automat aus den späten 50er Jahren und die Flasche der britischen Sonderabfüllung anlässlich der Hochzeit von Lady Di und Prinz Charles.

Sollte er je in Pension gehen, wird Alfred Mathae mit Sicherheit nicht fad. Dann will er den Coca-Cola Schatz katalogisieren und ein Museum aufbauen. Einzelne Ausstellungen, etwa im Technischen Museum Wien, hat er bereits bestückt und dem Olympiastützpunkt in Obertauern die Originalfackel der Spiele in Atlanta ausgeliehen, die gut und gern einige Tausend Euro wert ist. Bis dahin sammeln er und seine Freunde weiterhin alles, was alt, selten und eindeutig Coca-Cola ist. Mathaes Frau Martina, die selbst acht Jahre in der Firma beschäftigt war, hat Verständnis für das monströse Sammlergen ihres Mannes. Zumindest bis vor die Schlafzimmertür. Dahinter ist Sperrgebiet.

47 Der elektronische Schnüffler

Noch hat die Wissenschaft ihre fünf Sinne nicht beisammen. Drei davon funktionieren schon tadellos: Kameras sind elektronische Augen, Lärmmessgeräte sind die Ohren und Computer können Oberflächen abtasten und analysieren. Das Gefühl ist elektronisch noch ziemlich sinn-los und auch die Nase hatte man lange nicht vorn. Der menschliche Geruchssinn war ausgesprochen schwierig zu standardisieren. Elektronische Nasen sind hoch entwickelte Sensoren, die sozusagen digitale Fingerabdrücke von Gerüchen liefern. Seit man weiß, wie das geht, werden sie industriell zunehmend für die Qualitätskontrolle und Produktentwicklung genutzt. So auch bei Coca-Cola.

Vor der Abfüllung passiert die Flaschenkolonne auf dem Förderband eine Station, an der Coca-Cola seine digitale Nase in den Hals der Mehrwegflaschen steckt und kontrolliert, ob innen auch wirklich alles sauber ist. Flaschen, die zu Hause für Fruchtsaft oder ganz und gar nicht trinkbare Chemikalien verwendet wurden, werden sofort aus dem Verkehr gezogen. Die Spürnase hat einen derart guten Riecher, dass sie flüchtige chemische Substanzen in winzigen Konzentrationen von einem Teilchen pro Milliarde erkennt. Für Laien lässt sich das komplexe Funktionsprinzip etwa so ausdrücken: Die über das Sensorfeld geleiteten Stoffe führen zu Veränderungen des elektrischen Widerstands einzelner Sensoren, die Alarm schlagen und die verschmutzte Flasche aus dem Programm werfen. Mehr braucht man als Coke Trinker ja auch gar nicht zu wissen.

19
20
3
4

48 Maria, hilf!

Man hatte es genau durchdacht. Das Opening des Europa Shopping Centers nahe des Westbahnhofs auf der Mariahilfer Straße sollte keinen Zweifel aufkommen lassen: Hier tat man was für den Kunden. Und wie kann man das einem Wiener am leichtesten klar machen? Die Antwort war nach dem ersten Brainstorming klar: mit einem Kampfpreis, der nicht zu unterbieten ist. 2 Liter Coca-Cola für 9,90 Schilling. Für das Geld kriegte man anderswo gerade halb so viel. Also orderte der Markt einer großen Handelskette im Erdgeschoß des neuen Kaufhauses 28 Paletten Coke und gab jedem Kunden noch einen 500-Gramm-Becher Erdbeeren drauf – für 4,90.

Die Aktion, die in einem Flugblatt angekündigt war, sollte drei Wochen dauern. Auch das war penibel berechnet. Auf der belebten Wiener Einkaufsstraße gab es auch schon 1989 so gut wie nie einen Parkplatz. Und wer würde schon 24 Kilo auf den Buckel nehmen und Coke im Zwölferpack durch den halben Bezirk schleppen?

Die Antwort war am ersten Tag klar: die Wiener. Aber von Schleppen konnte keine Rede sein, man bildete Menschenketten vom Supermarkt zu den in zweiter Spur parkenden Autos und füllte sie bis unters Dach mit Coke. In der Hauptstadt ist man eben nicht faul, wenn es gilt, sich schwere Arbeit zu erleichtern.

Die bereits nach den ersten Stunden der Aktion nachbestellten fünf LKW-Züge mit 140 Paletten Limo reichten kaum bis zum Abend. Bei ihrem Eintreffen hatte man in der Sekunde auf die Menschenketten gepfiffen und war drauf und dran, auch den Lieferanten den Job zu vereinfachen. Wozu die Kartons erst mühsam in den Keller schaffen, wenn sie doch gleich wieder nach oben mussten? War schon was dran an der Überlegung, in die Regale kam die Ware tatsächlich nicht. Die Coca-Cola Mannschaft hatte alle Hände voll zu tun. Mit der einen krallten sie sich an ihre Kisten, mit der anderen hielten sie sich die Menge vom Leib. Aber im Lager war es endgültig aus mit der Contenance. Aus den Erdbeeren, die dort annektiert wurden, ließ sich schon an Ort und Stelle ein feines und so passend Coca-Cola-rotes Frappé machen. Egal, die Zeit drängte. Denn mittlerweile hatten die Hamster auf zwei Beinen keinen Platz mehr im eigenen Auto und hatten sich reihenweise die Taxis vors Shoppingcenter bestellt.

Das Verkehrschaos war zwar nicht ganz das, was sich der Handelsriese unter „etwas für den Kunden tun“ vorgestellt hatte. Aber die Aktion, die nach vier Tagen abgebrochen werden musste, war werbetechnisch doch ein Meilenstein in der Einkaufsmeile von Mariahilf. Und auch Coca-Cola war nicht unzufrieden: 45 Lastwägen mit insgesamt 1.260 Paletten Coke werden in einem einzigen Supermarkt halt auch nicht jede Woche verkauft.

49 Der Coke light Mann

Es ist fast Mittag. High Noon im Büro. Die Computer werden heruntergefahren, die Luft flimmert, selbst die Telefone schweigen. Die Ausrüstung wird überprüft. Hier ein Check im Spiegel, dort eine Haarsträhne hinters Ohr. Immer wieder ein Blick zur Tür.

Und dann geht sie auf. Er ist da. Er geht nicht durch den Raum, er federt. Seine Schenkel reiben an seinen Jeans. Sein weißes T-Shirt zeigt jeden Muskel an seinem Sixpack, als hätte er gar nichts an. Die Kiste auf seiner Schulter ist schwer, fällt an ihm aber kaum ins Gewicht. Er schwitzt. Eine Locke seiner dunklen Haare fällt ihm in die Stirn. Er öffnet eine Dose. Trinkt. Stellt sie auf einen Schreibtisch. Verschwindet.

Die junge Frau am Schreibtisch fixiert die Dose. Sie ist wie ein Teil von ihm. Ein winziger Tropfen Coke light rinnt daran herunter. Mit einem Finger fängt sie ihn auf: Und leckt ihn ab.

Es gab im Sommer 1997 kein Büro, in dem die weibliche Belegschaft sich nicht wünschte, dass ein Coke light Mann durch die Tür kommen würde. Ganz Österreich kannte ihn. Die Männer wollten sein wie er. Die Damen wollten ihn. Und jeder trank stattdessen ein Coke light.

Beliebt war die leichte Version des braunen Getränks in Österreich schon seit seiner Einführung 1983. Aber mit dem TV-Spot, der vierzehn Jahre später gesendet wurde, bekam Coke light einen Sexappeal, der elektrisierte. Der Prototyp bekam Nachfolger, die Kampagne fand Nachahmer.

50 Der Jahrtausend-Walzer

Während die ganze übrige Welt im Millenniumstaumel lag und man global dem prophezeiten großen Computercrash entgegenfieberte, entwickelte Coca-Cola ein ganz eigenes Takt-Gefühl: Rund um die Konturflasche sollte getanzt werden. Als Salut auf die Verbundenheit mit Österreich, die 1999 immerhin schon siebzig Jahre überdauert hatte, wählte man – na was wohl? – den Wiener Walzer. Und weil man es sich nicht zu einfach machen wollte, drehte man ihn links herum.

Vorgehupft wurde der Tanz auf den Etiketten der Millenniumsausgabe, die daher auch nur im Doppelpack komplett war: Auf einer Flasche war die Damenschrittfolge, auf der andere die für Herren abgebildet. Die Sonderedition fürs neue Jahrtausend kam im November 1999 in einer limitierten Auflage von 250.000 Stück auf den Markt und war klarerweise ein Gustostückerl für Sammler.

Leo Schreiber – Coca-Cola Beverages Österreich, Michael Häupl, Wolfgang Schüssel, Clyde Tuggle – Coca-Cola Company (Bild links, v. l. n. r.)

Millennium Edition

50

51 Raunz nicht, lauf!

Beim ersten Vienna City Marathon am 25. März 1984 gingen 1.137 Läufer an den Start. 2004 haben sich 25.000 Teilnehmer in die Startlisten eingetragen. Eine Zahl, die man ruhig ein bisschen wirken lassen kann. Die Wirkung eines solchen Events ist natürlich auch werbetechnisch nicht zu verachten. Und da sich dieser Umstand so gut mit den Bestrebungen der Firma trifft, die Österreicher zum Laufen zu bringen, ist Coca-Cola auch seit der Premiere 1984 Fixbestandteil des VCM. Um die Marathonis kümmert sich die Company ihrer Bestimmung entsprechend: mit einer Erfrischung. Bei Kilometer 41 vor der Oper steht Jahr für Jahr das Coca-Cola Zelt, bei dem die Läufer mit einem Sprühregen gekühlt werden. Wer im Trockenen bleiben will, rennt rechts vorbei. Für Coca-Colas Hauptzielgruppe, die Jugend, sind 42,195 Kilometer ein zu harter Brocken. Also ließ man sich für alle, die noch nicht 18 sind, ein paar Light-Varianten einfallen. Der Coca-Cola Fun Run ist nur 6,8 Kilometer lang und führt von der Wagramer Straße bis zum Heldenplatz. So viel Ehr muss sein.

Der Coca-Cola Junior Marathon ist eine Möglichkeit, den 10- bis 18-Jährigen eine international übliche Herausforderung anzubieten. Zehn Buben und Mädchen laufen im Team, jeder von ihnen 4,2 Kilometer, was insgesamt einen ganzen Marathon ergibt. Erleichtert wird die Übung dadurch, dass die Teilnehmer nicht gestaffelt, sondern alle gleichzeitig und daher gemeinsam unterwegs sind. Die einzelnen Zeiten werden addiert und können auf die Art mit der Siegerzeit der Großen verglichen werden. Seit 2002 richtet Coca-Cola auf dem allerletzten Kilometer die so genannte „Coke Zone“ vor der Staatsoper ein, wo die 6- bis 10-Jährigen zur Coca-Cola Kids Challenge über einen Kilometer starten. Schließlich hat man ja schon von Geburt an Beine und lernt spätestens in der Volksschule, dass Leistung auch Spaß machen kann.

Coca-Cola
Life tastes good.

3675

Coca-Cola
Hop Hop
Du hast es bald geschafft

Eine für alle, alle für einander

Panah Ahmet war drei Jahre alt, als ihr ein Arzt eine falsche Injektion verabreichte, die zur Lähmung führte. Eine einzige Spritze machte das Mädchen aus dem Irak zur Gehbehinderten. Ebenso berührende Lebensgeschichten können wohl sämtliche Teilnehmer der Paralympics erzählen. Ihnen allen widmete die damals 13-jährige Panah ihren Song „Together We Are Strong", den sie selbst geschrieben, mit Waterloo & Robinson produziert und im Oktober 2000 als österreichischen Beitrag in Sydney vor Tausenden Zuschauern gesungen hat.

Bei den Dreharbeiten zum Video der Nummer spielte auch Coca-Cola eine tragende Rolle. Als Sponsor trug die Company dazu bei, dass der Song in die Plattenläden kam. Ein Teil des Verkaufserlöses kam dem Österreichischen Paralympischen Komitee zugute und finanzierte die Olympiateilnahme unserer Sportler mit.

Und weil Sydney nicht gerade an der Donau liegt, gab es für Panah Ahmet auch in Wien noch einen Liveauftritt: Bei der Coca-Cola Weihnachtstour am 25. November 2000 erinnerte der Teenie noch einmal daran, dass wir uns gemeinsam stark machen können.

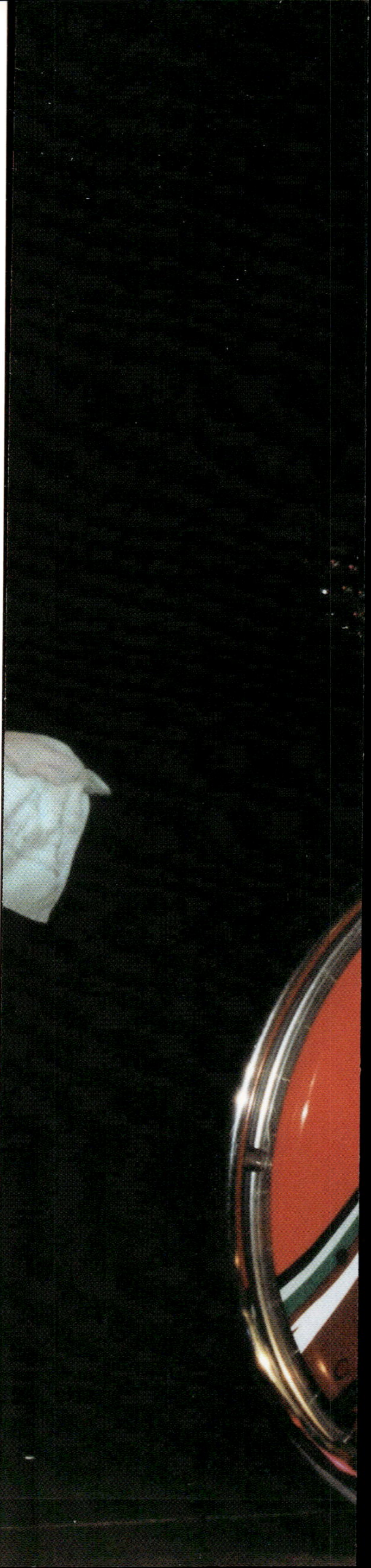

52

53

Der Pate

Es gibt Paten, die erscheinen zur Taufe und dann nie wieder. Es gibt Paten, die zur Firmung eine Uhr beisteuern. Und es gibt Paten, die mit ihren Schützlingen auch wirklich was unternehmen. Zu denen gehört Coca-Cola. Seit 2001 sind alle Jugendlichen, die in den neun österreichischen SOS-Jugendeinrichtungen ein Zuhause gefunden haben, Patenkinder von Coca-Cola Österreich.

Die Firma kann einen leibhaftigen Verwandten zwar nicht ersetzen, aber sie ist mindestens so unternehmungslustig. Schon zu Weihnachten 2000 machte der Xmas-Truck neun Mal Halt und bescherte seinen Patenkindern in den SOS-Jugendeinrichtungen ein ziemlich frohes Fest. Und auch an den 364 Tagen zwischen den Heiligen Abenden ist so einiges los. Ziel der Patenschaft ist es nicht nur, Jahr für Jahr 35.000 Euro für die Anschaffung von Sport- oder anderen nützlichen Geräten abzugeben, sondern auch die Jugendlichen darüber hinaus zu fördern und ihnen etwas zu bieten, was die Prädikate „einzigartig", „Erlebnis" und „Abenteuer" tatsächlich auch verdient. Zum Beispiel die Teilnahme am Olympischen Fackellauf, am Projekt Coca-Cola Junior Ranger (siehe auch die Story „Erlebnis-Park") und an der Talent-Aktion am Olympia-Stützpunkt Obertauern, für die sich stets auch ein Begabter aus einem SOS-Kinderdorf qualifiziert.

Einen ganz besonderen Zauber hatte das Abenteuer eines Mädchens aus Salzburg, das einen Ausflug in die Welt der Blockbuster machen und Harry Potter bei den Dreharbeiten am Set auf die Finger schauen durfte. Und wie VIPs wurden SOS-Fußballfans bei der Fußball-EM in Portugal empfangen. Als Dank bekam Coca-Cola, was einem aufmerksamen Paten zusteht: eine Gegeneinladung der Jugendinstitution ins europäische Ferienlager am Caldonazzosee.

Bild ganz oben:
Fackellauf Olympia 2002 Salt Lake City: SOS-Jugendliche Barbara Kappel

Bild linke Seite:
EURO 2004 in Portugal: SOS-Jugendlicher Christopher Kapferer

54 Das Wirtschafts-Monopoly

Charles Darrow hatte sein Spiel 1933 Monopoly genannt. Dass es im deutschen Sprachraum „DKT – Das kaufmännische Talent" heißt, kommt der Sache aber um einiges näher. Darrow hat zweifellos kaufmännisches Talent bewiesen: Sein Spiel, in dem der gewinnt, der am schnellsten ein Immobilienmonopol aufbaut und alle anderen in die Insolvenz treibt, wurde in 26 Sprachen übersetzt und verkauft sich in 80 Ländern und unzähligen Varianten.

2002 erfand die Spielefirma Freispiel eine neue: ein Wirtschafts-DKT, das österreichische Firmen, von Coca-Cola über Atomic Austria und die Post bis zur Verlagsgruppe News oder Wienerberger, ins Spiel brachte. Die Belohnungskarten lasen sich entsprechend vertraut: „Du konntest im Rennen auf der legendären Streif-Abfahrt in Kitzbühel die Bestzeit auf Atomic fixieren. Für diesen Erfolg erhältst du € 70,– Preisgeld." Oder: „Mach mal Pause und erfrische dich mit Coca-Cola, um dir neuen Schwung zu holen! Dafür setzt du gerne 1 Runde aus und würfelst danach mit neuem Elan 2x hintereinander."

Den Text auf einer anderen Karte hat Coca-Cola diktiert: „Die Mitarbeiter haben dir vorgeschlagen, ein SOS-Kinderdorf zu unterstützen." Genau das war nämlich die Motivation der Firma, die das ökonomische DKT nur unter der Bedingung unterstützen wollte, dass die soziale Jugendinstitution nicht nur etwas vom Erlös des Verkaufspreises abbekam, sondern ins Spiel selbst integriert war. Um bei jedem DKT-Abend daran zu erinnern, dass manche Jugendliche im Leben etwas weniger Spielraum haben als andere.

DAS WIRTSCHAFTS
DKT
Österreich
Limitierte Auflage

55 Der Gipfel vor dem Olymp

Ein Skifahrer namens Hermann Maier hat hier seinen Schliff bekommen. Der Surfer Christoph Sieber hat sich hier für Olympia 2000 vorbereitet und in Sydney Gold geholt. Renate Götschl und Mario Reiter haben hier ihre Spuren gezogen. Elf Sportler wurden hier trainiert und waren bei den Winterspielen in Salt Lake City dabei. Keine Frage, die Bilanz hat was.

Hier, das ist der ÖSV-Olympiastützpunkt Obertauern, die Meisterschmiede des österreichischen Sports, der Geburtsort der Stars. Und einer der Geburtshelfer ist Coca-Cola. Die Partnerschaft mit einem der erfolgreichsten Trainings- und Leistungs-Diagnostikzentren Europas ist auf der Nachwuchsförderung aufgebaut. Seit im November 2001 ein langfristiger Kooperationsvertrag inklusive Olympia-Sonderedition (siehe auch die Story „Gold-Rausch“) beschlossen wurde, werden gemeinsam Schulskikurse und Sommersportwochen organisiert und die olympischen Betreuer der Skistars stellen die Diagnose bei der Coca-Cola Talent-Aktion (siehe auch die Story „Die Talent-Schmiede“).

Was diese Zusammenarbeit den Jungtalenten bringt, die mit Unterstützung von Coca-Cola Österreich eines Tages hier landen könnten, ist bewiesenermaßen Gold wert. Der Standort auf 1.750 Metern bringt einen Höhentrainingseffekt, der den Vergleich suchen muss. Und das Labor mit den modernsten sportwissenschaftlichen Untersuchungseinrichtungen, vor allem aber das Know-how des Teams um Heini Bergmüller sind einfach Weltklasse. Nicht nur die Spitzensportler bekommen von ihm ein sportmedizinisch und wissenschaftlich fundiertes, auf ihre Bedürfnisse abgestimmtes Trainingspaket. Damit kann nach Bergmüllers Überzeugung jeder ohne irgendein verbotenes Mittel das, was in ihm steckt, zu hundert Prozent aus sich herausholen. Stimmt. Beispiele gibt’s genug.

Coca-Cola
ÖSV-OLYMPIA STÜTZPUNKT
TENNIS
TISCHTENNIS
SQUASH
BADMINTON
SAUNA
SOLARIUM
VITARIUM
MASSAGE
FUSSPFLEGE
KEGELBAHN
BILLARD
RESTAURANT
GARAGE
EINGANG
TAXI
Zone
Coca-Cola

55

56 Hoher Besuch

Jedes Mal, wenn der Lieferant bei der Riml-Hütte ankommt, kann es mit Coca-Cola nicht weiter bergauf gehen. Der Almwirt ist einer der höchstgelegenen Kunden der Firma. Wenn der Coca-Cola Mann seine Odyssee im Winter startet, muss er Schneeketten anlegen. Er überquert mannshoch verschneite Waldwege, fährt unter den Gondeln der Seilbahnen durch und kämpft sich mit seinem Lastwagen Meter für Meter nach oben. Und das seit Jahren, denn der Riml-Wirt ist ein treuer Kunde.

Für den nimmt man einige logistische Herausforderungen an und die Ware gern ein paar Mal in die Hand, um sie vom LKW in die Gondel und von der Gondel in den Pistenbulli zu schlichten. Über die Zeit wurde aus der Lieferfahrt ein Besuch bei Freunden. Vermutlich hätte der Lieferant sein Service auch fortgesetzt, wenn Riml die Hütte dichtgemacht hätte und er nur noch eine Kiste für den Eigenbedarf hinaufschaffen hätte müssen. Allein schon wegen des Ausblicks.

56

57 Ein Coke für 3 Buchstaben

Seit 75 Jahren dürfen wir Coca-Cola in Österreich für bare Münze nehmen. Sofern wir eine dabei haben. Wenn nicht, gibt es zwei Möglichkeiten: Entweder wir gehen in einen Supermarkt und zahlen mit der Bankomatkarte.

Oder wir haben ein Handy. Dann gibt es zwei Möglichkeiten. Entweder wir rufen wen an, der eine Münze hat.

Oder wir gehen zum nächsten Coca-Cola Automaten. Dann gibt es zwei Möglichkeiten. Entweder es ist ein ganz normaler Coca-Cola Automat, für den wir jene Münze bräuchten, die wir nicht haben.

Oder er trägt die Aufschrift „SMS me for a coke". Dann gibt es zwei Möglichkeiten. Entweder wir wissen nicht, was das bedeutet. Oder wir kennen uns aus.

Dann gibt es zwei Möglichkeiten. Entweder wir tippen das Kürzel für Coke (oder auch Fanta und Sprite) in unser Handy, senden die SMS an die auf dem Automaten angegebene Nummer und haben in fünf Sekunden unser Getränk.

Oder wir haben doch eine Münze gefunden. Dann stecken wir das Handy wieder weg, die Münze in den Automaten und haben auch in fünf Sekunden unser Getränk. Eigentlich gibt es doch immer nur eine Möglichkeit, den Durst zu löschen

Es ist ein schöner Tag im Mai 2001, als die ersten zehn Cokematen aufgestellt werden. Ihre Ausstattung mit Spezialgeräten samt SIM-Karte machen sie zu riesigen Handys

im Blechkleid. Eine SMS von jedem One-Handy oder Take-one-Wertkartenhandy ersetzt seit damals die bare Münze; abgebucht wird über die Telefonrechnung oder das Wertkartenkonto. Da die Verrechnung direkt über Coca-Cola erfolgt, fallen keine Zusatzkosten an. Und die SMS ist selbstverständlich gratis.

Mit den Coke Automaten hat Coca-Cola eine der ersten funktionierenden mCommerce-Anwendungen Österreichs geschaffen. Mittlerweile gibt es in Österreich bereits 500 Automaten, denen man eine Kurzmitteilung schicken kann. Die Erfrischung kommt auf Tastenklick, sozusagen.

58 Das Riesen-Floß

Wer an jenem Sommertag 2001 auf dem Flughafen Wien Schwechat landete, konnte vermutlich den riesigen roten Farbfleck aus der Luft sehen. Sehr oft drehen Flugzeuge vor ihrer Landung in Wien – egal ob auf Piste 29 (das ist jene vor dem Flughafengebäude) oder Piste 34 – vorher eine Schleife über dem Neusiedler See. Und dort unten in Podersdorf gab es diesen roten Fleck zu sehen.

Beim Summer Camp, das in Podersdorf und parallel auch im Schwarzl Freizeitzentrum in Unterpremstätten bei Graz durchgeführt wurde, sprudelten die Campbewohner und die Coca-Cola Fans förmlich vor Begeisterung. – Angetrieben wurden sie von den sommerjobbenden Animateuren. In Podersdorf am See hatten 244 Urlauber in nur 42 Minuten aus 2.000 leeren Coca-Cola Kisten das größte Floß der Welt zusammengebaut. Der Rekord wurde sogar für eine Eintragung ins Buch der Rekorde eingereicht. Das große Floß ließen sie gleich in der „größten Badewanne Europas", dem Neusiedler See, schwimmen.

58

59 Der Export-Schlager

1998 wird die Coke light Werbung zum besten TV-Spot des Jahres gekürt. Der Erfolg des Coke light Mannes ist so umwerfend, dass es eine werbetechnische Todsünde wäre, die Idee nicht auszubauen. Die Wahl fällt auf eine Wahl. Warum ein Casting im kleinen Kreis entscheiden, wenn man so vielen Frauen damit eine Freude machen kann?

Drei Jahre nach dem ersten Spot ist ein ganzer Event geboren, der von anderen Ländern – allen voran Deutschland und die Schweiz – schnell aufgegriffen wird. Mit der „Coke light Mann"-Wahl holt sich Coca-Cola Österreich den Austrian Event Award. Eine österreichische Idee ist zum Exportschlager geworden.

Der Harry-Potter-Zauber

Rauchschwaden. Rotes Laserlicht. Tiefes Grollen. Und dann knallt es. Eine magische Ewigkeit lang steht die Zeit still. Der Nebel senkt sich und enthüllt ein Welt, die sonst nur zwischen den Zeilen steht. Bücherregale wachsen aus den Schwaden, Fackeln züngeln nach den Requisiten. Eine Stimme erhebt sich über die gespenstische Szenerie. Lesemerlin Morioso entführt seine Zuhörer ins Reich der Fantasie. Die Fantasie der Joanne Rowling und das Reich des Harry Potter.

Wenn es eine Romanfigur schafft, Kinder in Bücherwürmer zu verwandeln, dann ist das Harry Potter. Kein anderer Held, der auf Papier entstand, kann Kindern den Zauber des Lesens besser vermitteln. Und genau das wollte Coca-Cola Österreich mit einem dem Schloss Hogwarts nachempfundenen Zelt und der Lese-Show: Kindern, die von Computerspielen und Fernsehen träge gemacht worden sind, zeigen, welche Abenteuer sich aus nur 26 Buchstaben und der eigenen Vorstellungskraft erleben lassen.

Dass Harry Potters Optimismus und Lebenslust sich dabei auch noch so wunderbar mit der Coca-Cola Philosophie decken, hätte man bei keinem Autor der Welt bestellen können. Und es gab niemanden in dem stets bis zum letzten Platz auf den urigen Holzbänken gefüllten Zauberzelt, an dem die Botschaft vorbeigegangen wäre. Morioso las die Geschichten an und ließ die Spannung köcheln, bis er in den Augen seiner Zuhörer den Hunger nach mehr sah. Und dann – musste jeder selber weiterlesen.

So simpel das Konzept war, so ausgeklügelt war die Technik der Lese-Shows. Der Zauber reiste in drei Lastwägen an und war sechs Tonnen schwer. Zehn Stationen, alle im Umkreis der SOS-Jugendeinrichtungen (siehe auch die Story „Der Pate“), lagen auf der

4.200 Kilometer langen Route der ersten Tour, die als Teil der Aktion „Lesefit" des Bildungsministeriums Mitte 2001 quer durch ganz Österreich führte. 15 Mitarbeiter waren 2.000 Stunden im Einsatz, Elektriker verlegten 1.200 Meter Kabel, Pyrotechniker zauberten schillerndste Lichteffekte und selbst die Schlange, die sich storygetreu durchs Zelt schlängelte, versäumte kein Stichwort.

Die Lese-Shows für insgesamt 4.000 Kinder, die Bücher, die man dabei gewinnen konnte, und die 250 Exemplare, die man den Vertretern der Landesschulräte überreichte, waren aber noch lange nicht alles, was sich Coca-Cola und Harry Potter ausgedacht hatten. Die Company war weltweiter Exklusivpartner für Handel und Gastronomie, da gab es jede Menge Gelegenheit, in die Zaubertrickkiste zu greifen. Irgendwo da drinnen musste sich natürlich auch der Stein der Weisen finden lassen.

Harry Potter blieb ein Dauerbrenner. Die Lese-Shows hatten sich derart bewährt, dass Coca-Cola mit dem magischen Zelt 2002 noch einmal durchs Land tourte.

61 Das Dream-Team

Nichts sei eine größere Herausforderung für den Menschen als ein Wunsch, der gerade in Erfüllung gegangen ist. Sagt man. Stimmt aber nicht. Nichts ist eine größere Herausforderung für den Menschen, als im Sommer 1998 bei Coca-Cola zu arbeiten und die Wünsche zu erfüllen, die auf die Aufforderung „Win your wildest dream“ hereinflattern. Die Idee zur Promotion-Kampagne für Sprite war gut. Das „Dream-Team“ Coca-Cola, MegaCard und Ö3, wo die Aktion via Äther bekannt gemacht wurde, war gut. Aber die Träumer unter den Sprite-Fans waren besser. Und das Beste waren ihre Wünsche. Sie waren wilder, als Coca-Cola sich erträumen hätte können.

In einem Düsenjet mitzufliegen, war dabei eine der öderen Bitten. Das Ansinnen Haifische in Südafrika zu füttern war zwar wild, ließ aber im Vergleich zu anderen Sehnsüchten doch noch zu wünschen übrig. Eine Wunsch-Kandidatin fantasierte davon, mit Vivienne Westwood auf dem Catwalk zu defilieren. So richtig warm lief die Kampagne allerdings erst, als jemand „in einen Vulkan spucken“ wollte. Was noch angegangen wäre, wenn vor dem Vulkan nicht noch diese kleine Wörtchen „aktiv“ gestanden wäre.

Nach einem Herzenswunsch klang das Basketballmatch gegen den NBA-Spieler Grant Hill, der damals bei den Detroit Pistons spielte. Der Wunsch konnte von den Sprite-Leuten tatsächlich erfüllt werden: Der Sieger des Sprite-Wunschwettbewerbs durfte allein gegen das Basketball-Ass antreten und sich von Hill seine Körbe holen.

Und wahr gemacht wurde auch, was einer ganzen Schulklasse vorschwebte. Sie wollte in den größten Wackelpudding der Welt springen. Die Sprite-Crew funktionierte einen Swimmingpool in Hagenbrunn in die größte Puddingform der Welt um und half den

Schülern auf die Sprünge. Angesichts der Pudding-Schlacht konnte die Frage, was nun die größte Herausforderung für den Menschen ist, eindeutig beantwortet werden. Mit der Gegenfrage: Wie bekamen die Mütter ihre Kinder wieder sauber?

Einem ganz anderen Wunsch entsprach Coca-Cola mit einer Produktneuheit namens Powerade: dem Wunsch aller Sportler nach mehr Power. Einem Sportler, der zu wenig trinkt, fehlt der Treib-Stoff. Ohne frische Energie aus kohlenhydrathältigen Drinks läuft gar nichts. Allerdings muss die Zusammensetzung stimmen und genau den Bedürfnissen der Sportler angepasst sein. Der Kohlenhydratanteil muss dabei penibel eingehalten werden.

Während man andere Produkte selbst mixen muss, was so mühsam wie zeitraubend ist, gibt es bei Coke das Energiegetränk fix und fertig. Powerade ist durch seine Liquid-8-System-Formel den sportlichen Ansprüchen genau angepasst. Der Rest ist Geschmackssache: Mountain Blast schmeckt nach Beeren, in Citrus und Orange ist das drinnen, was draufsteht. Auch in puncto Verpackungsdesign hat Coca-Cola bei Powerade nichts dem Zufall überlassen. Die Sportflasche ist leicht quetschbar, enthält die optimale Menge von 0,5 Liter und hat einen praktischen Sportverschluss.

Österreich war im Jahr 2000 das erste Land Europas, in dem Powerade gelauncht wurde. 2001 wurde es kurzfristig vom Markt genommen, weil man sich das sportliche Ziel gesetzt hatte, das Marketingkonzept zu perfektionieren. Seit 2004 ist der Drink wieder erhältlich. Und die Perfektion hat sich ausgezahlt: Powerade ist nicht mehr nur der offizielle Drink vieler Sportveranstaltungen, wie dem Vienna City Marathon, es ist die Nummer eins unter den Sportgetränken in Europa.

Österreichischer Rekord „100 x 1.000 m" – mit dabei Lauflegende Max Wenisch

62 Gut gelaufen

„Mach mit" heißt die Aktion, mit der Coca-Cola Jahr für Jahr Bewegung in die Österreicher bringt. Und mitzumachen macht sich bezahlt. Jeder Kilometer, der am Staatsfeiertag gelaufen wird, bringt 10 Cent. Besonders gut läuft die Sache für Schüler. Egal, ob sie ihre eigenen Veranstaltungen auf die Beine stellen oder an denen der österreichischen Bundes-Sportorganisation teilnehmen, im Ziel haben sie einen Batzen Geld für die Schule errannt. Mit den 100.000 Euro, die Coca-Cola pro Jahr für mehr Bewegungsfreiheit ausgibt, werden Kinder unterstützt, für deren Eltern sportliche Schulveranstaltungen einfach zu teuer sind. Seit Beginn der Aktion im Jahr 2000 konnten auf diese Weise 2.500 Kids dann doch auf Skikurse oder Sportwochen mitfahren.

2004 überholte sich die Idee sozusagen selbst. Aus dem Einmalevent am Staatsfeiertag wurde eine neue, massive Bewegung mit einer ganzen Menge Laufrichtungen, die vor allem auf die Fußball-EM 2008 abzielen. Die mit 26. Oktober beginnenden, aber übers gesamte Jahr verstreuten Veranstaltungen, von Fan-Aktionen bis zum „Zwölften Mann" (siehe auch die Story „Der zwölfte Mann"), haben doppelt Sinn: Indem jeder selbst die Beine in die Hand nimmt, unterstützt er auch Österreichs Helden im Spitzensport. Nur fitte Fans sind gute Fans.

Frank Van Buchem – Coca-Cola Company, Elisabeth Gehrer, Dieter Moser – Coca-Cola Beverages, Thomas Prantner – ORF (Bild oben v. l. n. r.)

63 Kunst-Geschmack

Aus 3.000 Coke light Dosen kann man eine Menge Abfall machen. Oder ein einzigartiges Kunstwerk. Und einzigartig war der Coke light Adonis, der im Herbst 2002 in der Wiener Galerie Hilger zu sehen war. Der Dosenmann hatte zwar die kunstvolle Handschrift seines Schöpfers Sebastian Weissenbacher, der ihm sein Skelett aus Gittergeflecht und sein Aussehen gab. Das gewisse Etwas an ihm aber waren Tausende Signaturen.

Im Zuge einer Sampling-Aktion an verschiedenen belebten Plätzen in ganz Österreich waren die Dosen nämlich an Coke light Liebhaber mit der Bitte ausgegeben worden, sich auf dem Blech mit Namen oder einer Zeichnung zu verewigen. Aus diesem Grundmaterial formte Weissenbacher dann seinen imposanten Beitrag zur zeitgenössischen Kunst. Über die nicht einmal viel gestritten werden konnte, der Geschmack war ja eindeutig: Coke light.

GALERIE
HILGER

Abb.: Andy Warhol 3 Coca-Cola Bottles © The Andy Warhol Foundation for the Visual Arts.

ANDY WARHOL

Poster und Grafik
25. Feb.–13. April '93
täglich von 12–18 Uhr

Ort: Palais Palffy

1010 Wien, Josefsplatz 6

Diese Ausstellung wurde ermöglicht durch: Coca-Cola
Sponsorvermittlung: Focus

Eintritt: öS 20,–, Plakat: öS 100,–, Reingewinn für „Nachbar in Not"

Gleichzeitig findet im KunstHausWien die große Andy Warhol Ausstellung „Werke 1928–1987" statt.

Ermäßigte Eintrittskarten für beide Ausstellungen an den Ausstellungskassen.

63

64 Die Talent-Schmiede

Wer im Sport weiterkommen möchte, muss höher hinauswollen als alle anderen und schneller dort sein. Man nennt das etwas brutal Killerinstinkt, aber Spitzensport ist brutal: Talent allein genügt nicht. Österreich hat eine Menge Talente. Die herauszukennen, die auch den Killerinstinkt haben, ist letztlich Aufgabe der Trainer. Aber im Vorfeld kann man da schon gewaltig mithelfen. Coca-Cola tut das, in Zusammenarbeit mit seinen Partnern ORF Sport, dem Bildungsministerium, der Sporthilfe und dem Olympischen Komitee. Seit 2002 werden bei der Coca-Cola Talent-Aktion jugendliche Sportkanonen entdeckt. 2004 wurde die Aktion dann noch gezielter angelegt, dank Bundeskanzleramt Sport.Austria. In jedem Bundesland finden Qualifikationswettbewerbe für ein Finale statt, bei dem sich die Besten der Vorausscheidungen mit Athleten des ÖSV und ÖFB messen. Wer sich hier durchsetzt, hat den ersten Schritt in die professionelle Förderung und damit in den Karrieresport gemacht.

1.500 junge Sportler traten über die Schulen für Leistungssport oder durch Nominierungen des ÖSV und ÖFB zu den Ausscheidungskämpfen an. 59 kamen ins Finale. Am Olympiastützpunkt Obertauern wurden sie auf die wesentlichen Grundlagen, wie Schnelligkeit, Kraft, Ausdauer und Reaktion, getestet. Dazu kamen ein Mental- und ein Laktat-Stufentest, der mit dem Kosenamen „Herminator-Basistest" ganz gut beschreibt, dass das kein Spaziergang ist. Die Taebo-Einheit zum Abschluss dürfte dagegen fast eine Erholung gewesen sein.

Zehn Jugendliche hat der sportliche Leiter der Coca-Cola Sport-Initiative, Johannes Langer, der auch für die Konzeption der Talent-Aktion verantwortlich ist, schließlich ausgewählt. Überzeugt haben ihn letztlich die 15-jährige Klagenfurter Leichtathletin Stefanie Waldkircher und der gleichaltrige Fußballer Andreas Bauer aus Oberschützen im Burgenland. Sie erhielten Förderschecks und wurden in ein Nachwuchsprogramm der Sporthilfe Österreich integriert.

64

65 Coke und die Kirche

Irgendwer von Coca-Cola hat da Connections bis ganz nach oben. Soviel war klar an diesem Sonntagmorgen beim Forum Alpbach 2001, nachdem die Teilnehmer das täglich frisch produzierte Veranstaltungsblatt „Alpbach News“ gelesen hatten. Sonntags hatten sie keine dieser von Coke gesponserten Morgenwanderungen mit dem von Coke gesponserten Trainer Michael Traindt und daher etwas Zeit für die Lektüre des Blättchens, in dem unter vielem anderem auch das Tagesprogramm nachzulesen war – und was davon von Coca-Cola gesponsert war.

Und genau dabei wurden die Leser heute so stutzig. Dass Coca-Cola seine traditionelle Unterstützung des Forum Alpbachs heuer unter das Motto „Coke & Sport“ gestellt hatte, war ihnen bekannt. Aber an der Stelle im Stundenplan, wo wochentags der „Morgenlauf – Life tastes good, gesponsert von der Coca-Cola Sportinitiave“ angekündigt wurde, stand: „Heilige Messe, gesponsert von Coca-Cola“.

Nationalfeiertag, Leistungsschau des Bundesheeres. Das Transparent „Coca-Cola präsentiert“ hat einen prominenten Stammplatz auf der Festbühne dieser Veranstaltung. Und das war auch 2003 nicht anders. Einen gewissen Unterschied gab es nur in dem, was Coca-Cola diesmal präsentierte. Denn das Plakat blieb auch an seinem Platz, als das Bundesheer längst gezeigt hatte, was es alles kann, und eine ökomenische Messe zelebriert wurde. Präsentiert von Coca-Cola.

Der Mitarbeiter der „Alpbach News“, der da so unter Druck gestanden haben musste, dass ihm das Malheur passiert war, konnte da bloß noch das Kreuz drüberschlagen. Für die Journalisten aber, die Alpbach ja immer so gut im Auge haben, war der charmante kleine Fehler natürlich ein Segen. Der auf keinen Fall unveröffentlicht bleiben durfte und daraufhin auch in der Tagespresse emsig nachgedruckt wurde. Sogar in Tschechien. So was nennt man eine wahrhaft göttliche PR-Arbeit.

Bild linke Seite:
95. Geburtstag von Kardinal Franz König, Festmesse. Die kirchliche Prominenz erschien im feierlichen Kardinalsrot. Mittendrin Coke Mitarbeiter der Event-Abteilung im roten Coca-Cola Pullover, die als farblich perfekt angepasste Chamäleons im liturgischen Roten Meer schwammen.

66 Die Reife-Prüfung

Bestanden. Es gibt kein schöneres Wort, wenn man 18 ist und gerade acht Jahre Gymnasium zur Vergangenheit gemacht hat. Wenn man das schwarz auf weiß hat, besteht Geografie nur noch aus 400.000 Quadratmetern Türkei, Mathematik aus 11.000 Flaschen Bacardi, 14.000 Flaschen Wodka, 1.200 Fässern Bier und 310.000 Bechern Coca-Cola, aus 21.000 Hamburgern, 5.000 Kilo Pommes, 2.520 Kilo Nudeln, 3.960 Litern Suppe, 4.600 Blechen Pizza und 6.000 Hot Dogs – und Englisch aus zwei Worten: Summer Splash.

Ins Praktische übersetzt heißt das: die größte Maturareise Europas, eine 14-Tage-Party, die in drei Hotels unter fünf Sternen in Antalya steigt. 8.000 Splashies waren es 2004, die auf 500 Metern Strand und 36 Metern Bühne gemeinsam mit Coca-Cola 24 Stunden Highlife abzogen.

Klingt nach Nächten, als gäbe es kein Morgen. Irrtum. Beim Coke Fun Run waren alle wieder auf den Beinen. Na ja, fast alle, wie man an den Coke T-Shirts sah, die an die Frühaufsteher ausgegeben wurden. Wer am Nachmittag dazukam, machte eine „Reise nach Jerusalem“ in aufblasbaren Sesseln auf der Plattform am Pool: neun Teilnehmer, acht Sessel, wer zuletzt noch einen hatte, hatte ein VIP-Ticket für ein Musikfestival ausgesessen. Und Cokevorrat im Wert eines Jahresgehalts gab es für die Gewinner der Coca-Cola Pool EM Soccer anlässlich der Fußball Euro 2004.

Die Idee zu diesem Disneyland für Maturanten hatte der 31-jährige Burgenländer Dietmar Tunkel in den späten 90ern. In dem kleinen Ort Grafenschachen hatte er ein kleines Reisebüro namens „Tu Die Reise“gegründet. Seine Klientel: junge Leute. Seine Preise: günstig. Sein Erfolgsrezept: ganz auf die Wünsche und Bedürfnisse seiner Kunden eingehen, erstklassige Beratung, persönliche Betreuung. Seither fliegt er jedes Jahr Tausende Maturanten in seine Summer Splash Resorts. Zur wahren Reifeprüfung.

67 Gold-Rausch

Salt Lake City, 2002. Alles war wie immer bei Olympischen Winterspielen. Man saß vor dem Fernseher, verdrückte vor lauter Nervosität einen Monatsvorrat an Knabbergebäck und spülte ihn mit Limo runter. Nur eins war neu: Man sah dabei einem Olympiasieger direkt in die Augen.

Die sechs beliebtesten Olympiasieger, die Coca-Cola auf den Etiketten der 0,25-Liter-Georgia-Green-Originalflaschen der Olympia Edition abgebildet hatte, waren eine Hommage der Company an Österreichs Skiasse. Und mit ihrem Golddruck und den goldenen Kronenkorken ein besonderes Service für Olympiafans und Sammler. Allerdings musste man auch selbst schnell unterwegs sein: Es gab nur je 90.000 von den Spezialbottles, die es im Sechserpack zu kaufen gab. Oder einzeln zu einem Menü bei McDonald's, wobei hier die Wahl schwer fiel: Da gab es natürlich Hermann Maier (Super-G und Riesentorlauf in Nagano 1998) und Leonhard Stock (Abfahrt in Lake Placid 1980), gefolgt von Anita Wachter und Sigrid Wolf (Kombination bzw. Super-G in Calgary 1988), und man wurde an Olga Pall (Abfahrt in Grenoble 1968) und Egon Zimmermann (Abfahrt in Innsbruck 1964) erinnert. Doch egal, mit wem man Aug in Aug trank, es hat genutzt: Für die nächsten Winterspiele haben wir ein paar Gold-Träger mehr.

Die Euro Edition 2004

Bild links:
Schiedsrichter-Star Pierluigi Collina signiert seine Flasche der Coca-Cola Euro Edition 2004

Bild unten:
Einen stolzen Liebhaberpreis zahlte ein Fan für die Olympia Edition bei der Versteigerung zugunsten von „Licht ins Dunkel". Sie war ihm 2.500 Euro wert.

68 Spiel, Spaß & Spenden

Wenn man sich als ehemaliger Coca-Cola Generaldirektor und amtierender Vorsitzender des Getränkeverbandes und des ARA-Aufsichtsrates auf ein Skirennen einlässt und ausgerechnet gegen Rainer Schönfelder antritt, muss man schon Leo Schreiber heißen. Alle anderen, die beim „Coca-Cola Ski Charity Fanclub Race" mitmachen, wachseln ihre Bretter mit etwas weniger Ehrgeiz. Schließlich sagt schon der durchaus ausführliche Name des Rennens, dass es hier um einen guten Zweck, um Fans und um den Spaß geht. Für die Fans aus den Clubs besteht der Spaß darin, ihre Idole einmal nicht nur am Rand der Piste anzufeuern, sondern selbst gegen sie im Parallelslalom anzutreten. Seit das Ski-Spektakel

erstmals im März 2002 in Verditz in Kärnten über die Piste ging, standen schon Größen wie Michaela Dorfmeister, Brigitte Obermoser, Renate Götschl, Hilde Gerg, Sabine Egger, Tanja Schneider, Heinz Schilchegger, Werner Franz, Fritz Strobl, Christian Mayer, Christoph Gruber und eben Rainer Schönfelder am Start, die sich alle für den guten Zweck die Hänge runterlassen.

Das Wohltätige am Event hat mehrere Zielrichtungen. Einmal kam der Reinerlös einem Behindertenheim im Raum Villach zugute. Ein anderes Mal freute sich die sozialpädagogisch-therapeutische Wohngemeinschaft von SOS für Burschen in Klagenfurt über die Spende, die anstelle eines Nenngeldes von den Fanclubs geleistet wird. Und die Miglieder der Fanclubs werden wiederum von Coca-Cola unterstützt, um ihnen ihre kostspieligen Reisen zu den Rennen ihrer Idole zu ermöglichen. Eine ausgeklügelte Charity-Rochade, von der jeder was hat. Nicht zuletzt auch noch die Skinarren aus den SOS-Jugendeinrichtungen, die immer wieder zum Rennen eingeladen werden und eine Flaggenparade ausrichten.

Seit der Premiere ist das „Coca-Cola Ski Charity Fanclub Race" mit einigem Speed dorthin unterwegs, wo sich die Veranstalter ihr Ziel gesetzt haben: nämlich eine unverwechselbare Rennveranstaltung mit internationaler Beteiligung möglichst bald als Evergreen im Schnee zu etablieren. Die Übung scheint zu gelingen. Die Sache ist erst ein paar Jahre jung, aber schon erstaunlich wenig grün hinter den Ohren.

69 Im Galopp durch die Kunstszene

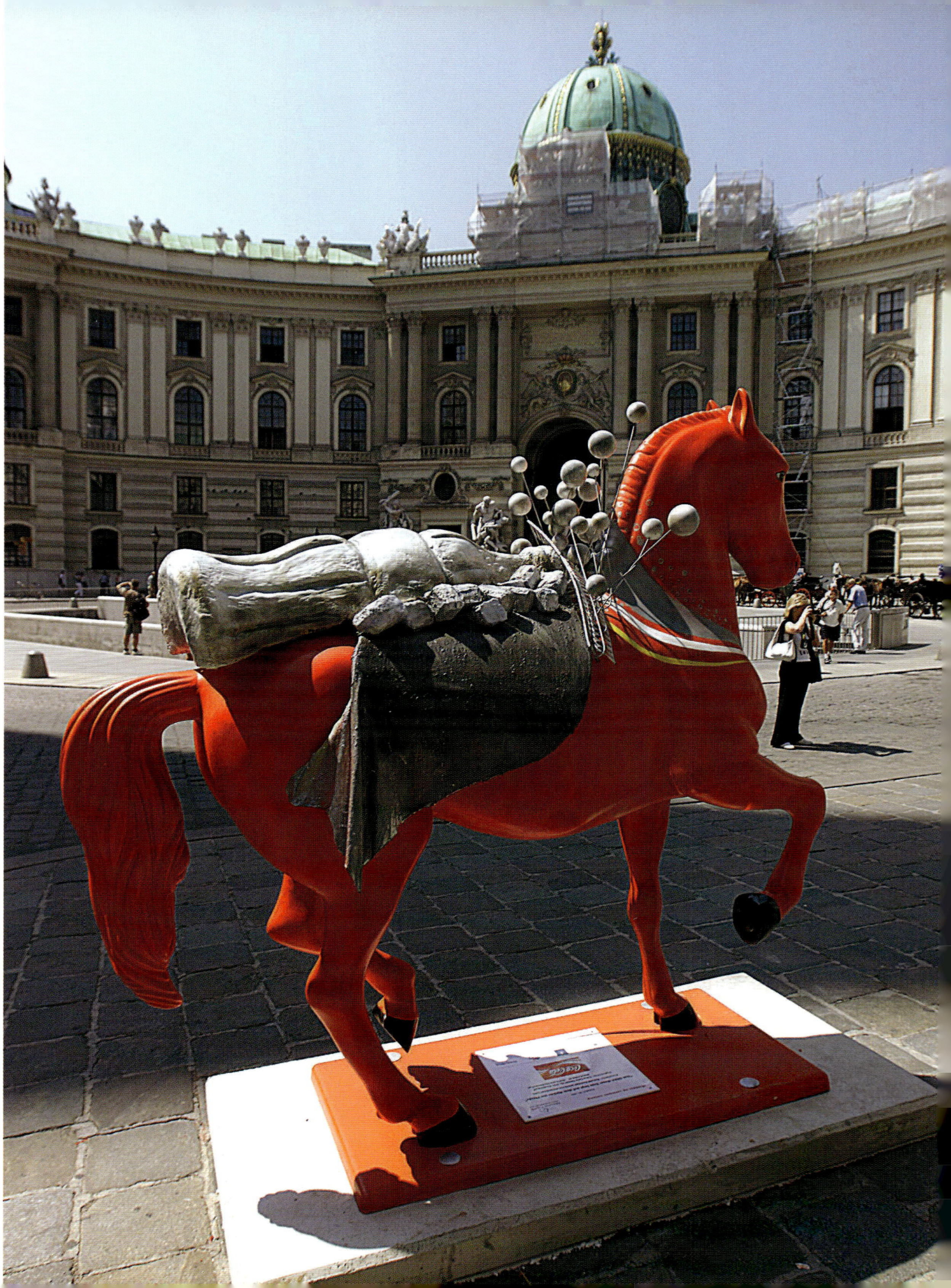

Wer nach einer langen Nacht je weiße Mäuse gesehen hat, ahnt, dass was passiert ist im Hirn. Wer nach einer sehr langen Nacht im Sommer 2003 seinen Heimweg über den Wiener Michaelerplatz nahm, sah mehr als weiße Mäuse. Ein Pferd. In roter Coke Logo-Farbe. Mit einem Sattel in Form der berühmten Coca-Cola Flasche. Aus dem Rücken perlte eine Fontäne gedrechselter Holzkugeln, das Zaumzeug ähnelte dem Ribbon auf dem Coca-Cola Logo und wenn man näher kam, sorgte ein Bewegungsmelder dafür, dass das Tier den Sommerhit „Chihuahua" sang. Mehr konnte man gegen den nächsten Kater kaum tun.

Wer das Pferd nüchtern betrachtete, sah Kunst. Konkret: den Beitrag des Kärntner Bühnenbildners Ronald Zechner für einen Sommer, der in Wien ganz im Zeichen der Lipizzaner stand. Sein Kunst-Stoff war eine der vielen lebensgroßen Skulpturen, mit denen man den weltberühmten weißen Pferden Denkmale setzte. Künstler führten ihre Werke auf die Weide. Verstreut in der Innenstadt Wiens. Das Coca-Cola Pferd hatte den poetischen Titel „Das Glück dieser Erde liegt auf dem Rücken der Pferde!"

Seit Coca-Cola zum Alltagsgegenstand wurde, haben Bildhauer, Maler, Fotografen und Filmschaffende ein Motiv darin gefunden. Zechner befindet sich da in bester Gesellschaft. In den 30er Jahren taucht die klassische Coke Flasche in den Fotos von Walker Evans auf. In der Nachkriegszeit kamen Andy Warhol, Roy Lichtenstein oder Joseph Beuys auf den Geschmack. Auf Leinwand und Zelluloid, in Öl, aus Stein oder Kunststoff ist Coca-Cola ebenso beständig wie als Drink. Auch Zechners Pferd blieb der Nachwelt erhalten: Coca-Cola spendete es als wohl eines der ausgefallensten Spielzeuge den SOS-Kinderdörfern.

Erlebnis-Park

Kein Luftzug bewegt die Blätter. Es ist stockfinster. Und es ist totenstill. Der Friedhof gibt seinen leblosen Bewohnern die letzte Ehre, die sich ein Mensch verdient hat: ewige Ruhe.

Sechzehn Teenies sind selten zu überhören. Aber in dieser Nacht geben sie kein Geräusch von sich. Zusammengekauert hocken sie zwischen den Gräbern und warten. Und dann kommt Leben in die unheimliche Szenerie. Dutzende Fledermäuse, die lautlos, kopfüber und wie unsichtbar in ihren Verstecken geschlafen haben, erwachen, breiten ihre Schwingen aus und fliegen mit ihrem unfehlbaren Radar über die Köpfe der nächtlichen Besucher hinweg.

Hätten die sechzehn Teenies das Schauspiel zwei Wochen früher beobachtet, wäre ihnen die Angst unter die Haut bis auf die Knochen gekrochen. Ein Friedhof in der Nacht ist schließlich nicht der natürliche Lebensraum 13- bis 15-Jähriger. Aber nach sieben Tagen Ausbildung zum Coca-Cola Junior Ranger im Nationalpark Hohe Tauern sind sie fast schon Profis.

Der Trupp auf dem Friedhof ist eine Gruppe Jugendlicher, denen Coca-Cola jährlich die Möglichkeit gibt, in den Beruf des Nationalpark-Rangers hineinzuschnuppern. 2003 wurde das Projekt Junior Ranger gestartet. Die Verbindung von Jugendarbeit, Natur, Wasser und Nationalpark, erklärt Dieter Moser, Generaldirektor von Coca-Cola Baverages Österreich, lasse sich so hervorragend mit der Firmenphilosophie vereinbaren, dass noch jede Menge junger Ranger in ihrem Engagement für Natur- und Umweltschutz unterstützt werden könnten.

Junior
Nationalpark
Hohe Tauern

Den Hauptteil der Ausbildung verbringen die Schüler in einer Art Basislager, wo sie vierzehn Tage lang auf die Aufgaben und Verantwortung eines Rangers vorbereitet werden. Von Arbeit kann dabei allerdings nicht die Rede sein. Theorie wie Praxis werden spielerisch vermittelt, die Mädel und Buben lernen die Tier- und Pflanzenwelt wie ein faszinierendes Paralleluniversum kennen. Schon nach wenigen Tagen erkennen sie an Überresten von Nestern, welche Tierfamilie hier gewohnt hat, sie finden eine Feder und wissen, zu welchem Vogel sie gehört, und sie verwechseln kein Hasenhäufchen mehr mit den großen Geschäften eines Fuchses. Letztlich führen die Spuren, denen die Jungranger nachgehen, auch an den Futtertrog. Aus der selbst gemolkenen Milch wird selbst gemachte Butter und selbst gemachter Käse. Und dann geht's an den Außendienst im Park. Zur Wildtierbeobachtung, Pflanzen- und Gesteinskunde, praktischen Spurensicherung, Erforschung der Mikrowelt des Nationalparks. Oder auf den Friedhof.

71 Der zwölfte Mann

Fragt man die Coca-Cola Zielgruppe, wer „Der dritte Mann" ist, wird man eine Menge Antworten kriegen. Stimmen wird vermutlich keine, der Film kam 1950 in die Kinos, da war die heutige Coke Generation noch nicht einmal ein ängstlicher Blick in den Augen ihrer Mütter. Fragt man nach dem zwölften Mann, wird man selber blöd dastehen. Das sollte schließlich jeder wissen. Für alle, die eher den dritten kennen: Im Fußballdress mit der Nummer 12 stecken die Fans der jeweiligen Elf. Und seit 2004 steckt bei einigen ÖFB-Länderspielen auch ein Coke Fan drinnen. Exklusiv und ganz offiziell.

Das offizielle Fan-Leiberl ist sogar derart offiziell, dass die Nummer 12 an keinen anderen Spieler auf dem Feld ausgegeben werden darf. Alle Fans, die irgendwann den Zwölfer am Rücken tragen, sind damit sozusagen Teamspieler. Was so eine Zahl am Buckel ausmacht, ist Fußballbanausen kaum zu erklären. Hans Krankl war früher für seine Rückennummer 9 bekannt, die erst nach seinem Abgang Toni Polster erbte. David Beckham ist die Nummer 23. Und Andi Herzog durfte bei seinem 100. Match mit einem 100er am Dress einlaufen.

Das Trikot mit dem Zwölfer wurde bereits von Teamchef Hans Krankl und Teamkapitän Andreas Ivanschitz überreicht, wer es anziehen darf, bestimmen die Fans selber. Bei besonderen Turnieren dürfen sie übers Internet abstimmen, wer wann ein Leiberl hat. Die Chancen stehen nicht schlecht. Bis zu den begehrtesten Matches bei der Fußball-EM 2008 (siehe auch die Story „Gut gelaufen") mangelt es nicht an Gelegenheiten, in die Verkleidung der Nationalmannschaft zu schlüpfen.

Von Dutch
PUMA
12
Coca-Cola

Coca-Cola
12

Coca-Cola

72

Ein Schluck Musik

Nehmen wir an, es denkt jemand an, sagen wir einmal, Lenny Kravitz. Mein Gott, kann ja vorkommen. Der Song „California“ fällt ihm ein. Warum auch nicht? Er will ihn hören, hat aber keine CD von ihm zu Hause. Ist immerhin auch möglich. Aber er hat einen Computer. Und Internet. Hat ja fast schon jeder. Dann loggt er sich auf www.mycokemusic.at ein. Und schon hat er auch Lenny.

Das Ganze funktioniert natürlich auch mit Britney Spears. Oder Eminem. Mit einzelnen Musikstücken. Oder mit ganzen Alben. Denn seit Mai 2004, sechs Monate nach der Europapremiere in Großbritannien, hat auch Coca-Cola Österreich sein eigenes Musik-Download-Service. Und was für eines: Mit 350.000 Songs, darunter exklusiv auch die Stars aus Österreich, zur Auswahl, ist Mycokemusic der größte Musicstore des Landes. Bis zum Sommer 2004 konnten 20 Millionen Stücke downgeloadet werden. Gratis. Und auch die Zukunftsmusik klingt nicht schlecht. Nach und nach soll diese Plattform auf Videos, Events und einen Ticketshop ausgeweitet werden.

Alles, was man dazu braucht, sind ein PC, eine Kreditkarte, ein Handy oder ein Bankkonto. Man tippt den Titel oder den Interpreten ein, drückt die „Go“-Taste und lässt suchen. Und dann: Sample, Stream, Download. Zur Probe kann man in den Song 30 Sekunden gratis hineinhören, streamen (1 Cent) oder ihn downloaden.

Weil Coca-Cola angenommen hat, dass man jetzt bei diesen Zeilen Lust bekommen könnte, an Lenny Kravitz zu denken, enthält jedes der „75 Jahre Coca-Cola in Österreich“-Bücher ein Geschenk an den Leser der Erstauflage: einen Gutschein mit seinem persönlichen Code und damit, sofern er bis Ende 2005 eingelöst wird, Zugang zu Mycokemusic. Blättern Sie doch zurück an den Anfang.

Bild linke Seite:
Verena (l.) und Tamee Harrison

Bild unten:
Albert Manzinger – EMI Austria, Verena, Steve Harrold – Coca-Cola Company (v. l. n. r.)

73 Der Xmas-Truck

Er hat unverkennbar amerikanische Züge, der Xmas-Truck. Ursprünglich in Atlanta für einen TV-Spot erdacht, ist er die technische Weiterentwicklung des Rentierschlittens, in dem Santa Claus drüben über die Dächer galoppiert und seine Geschenke ausliefert.

Dass er auch seine Abstecher nach Europa machte, war nur eine Frage der Zeit. Und dass er schließlich auch durch Österreich tourt, liegt erstens daran, dass er mehr Coca-Cola Feeling transportiert als irgendein anderes PR-Vehikel, und zweitens daran, dass sich das hiesige Christkind irgendwie schwer motorisieren lässt.

Zwei Achtzehntonner waren 1999 und 2000 mit ihrem Glorienschein von Tausenden Lichtern entlang der von Coca-Cola festgelegten Route durch Österreich unterwegs. Zum 75-Jahre-Jubiläum erfand man die Aktion „Magic Christmas – Holt euch den Coke Weihnachts-Truck in eure Gemeinde", um auch kleineren Ortschaften ein fulminantes Weihnachten auf Rädern zu bescheren.

Sofern die Bewerber garantieren, dass der Truck mit einem entsprechenden Remmidemmi von Weihnachtsmarkt bis Adventfest empfangen wird, parkt sich der Truck für einen

Coca-Cola
Coca-Cola
Trademark Regd.

16.5

2.5 Meter breit

18 Tonnen schwer

PS

470

1800 Umdrehungen

18 Gänge

Meter lang

Tag auf dem Dorfplatz ein und zaubert seine Überraschungen aus dem Bauch. Auftritte von Künstlern, Lesungen und Kinderanimation ergeben zusammen mit den örtlichen Sing- oder Hirtenspielen und dem Einsatz der Dorfkapelle dann schon ein sehr frohes Fest. Natürlich ist Santa Claus persönlich auch an Bord und verteilt seine Geschenke. Sollte sonst noch was unterm Christbaum fehlen, findet sich noch so einiges unter den Merchandising-Produkten.

Beeindruckend sind allein schon die technischen Daten des Trucks: Er ist 16,5 Meter lang, 2,5 Meter breit und 4 Meter hoch, wiegt 18 Tonnen und braucht 25 Meter, um zu wenden. Der Motor stammt aus der legendären Detroit Serie 60 und hat 470 PS bei 1.800 Umdrehungen und ein 18-Gänge-Fuller-Getriebe.

Die 12 Zylinder und der Hubraum von 12,7 Litern bringen eine Lebenslaufleistung von 1,5 Millionen Meilen auf die Straße. Allein die Freightliner FLD Conventional-Zugmaschinen der Trucks, die eigens mit dem Schiff aus Amerika herüberkommen, werden pro Zugmaschine mit 125 Metern Lichtlaufleisten geschmückt. Die Gesamtlänge der Lichtlaufleisten pro Truck beträgt 360 Meter. Um den Weihnachtszauber im Dunkeln so richtig erstrahlen zu lassen, werden zusätzlich zu den Lichtlaufleisten 65 Quadratmeter retro-reflektierende Folie verwendet. – Das Fahrerhaus besteht aus einem speziellen Aluminiumgehäuse im typischen US-Design.

Offizieller Coke Christmas Song von Tamee Harrison, Truck Tour 2004

Die Klassiker

Die Newcomer

Das Coca-Cola

Versprechen

75

The Coca-Cola Company exists to benefit and refresh everyone who is touched by our business.

Traudl und Rupert Nindl hatten keine Ahnung, an wen sie die Ferienwohnung auf ihrem Schranzlhof in Hollersbach vermietet hatten. Amerikaner war er, Familie hatte er und er liebte den Pinzgau, speziell die Senningerbräualm. So einer kann kein schlechter Mensch sein.

Ist er auch nicht. Clyde Tuggle gehört nicht zu den Managern, die zuerst „I am Senior Vice President of Coca-Cola" und dann erst „Hi" sagen. Und das liegt nicht nur daran, dass er bei seinem ersten Besuch bei den Nindls 1997 noch eine Etage unter der Präsidentschaft angesiedelt war. Das hohe Tier war ein ganz normaler Mensch.

Was er für eine Respektsperson sein musste, dämmerte den Nindls erst ein paar Jahre später, als plötzlich andere Amerikaner angereist kamen und von Urlaub nicht mehr viel die Rede war. Es wurde heftig gearbeitet in der Tuggle-Wohnung. Sooft Traudl Nindl mit Geselchtem, Speck oder Käse erschien, platzte sie in eine Diskussion, ein Brainstorming, eine Schreiborgie, und sie zog sich leise wieder zurück.

Was zwischen Servieren und Abräumen da auf dem Schranzlhof entstanden war, kennt die Company weltweit als „The Coca-Cola Promise". Ein 10-Punkte-Versprechen für das 21. Jahrhundert, in dem schwarz auf weiß steht, welche Grundwerte von Coca-Cola hochzuhalten sind. In der Kurzversion: The Coca-Cola Company exists to benefit and refresh everyone who is touched by our business.

Schranzlhof der Familie Nindl

Die Autoren

Andrea Fehringer ist Journalistin, Textchefin einiger Zeitschriften, wie „Wiener" und „Diva", Kolumnistin, Buchautorin (u. a. „Falco – Hoch wie nie", Roman-Biografie) und veranstaltet in eigenen „Schreib!Seminaren" und im ORF Praxiskurse in Kreativ- und Gebrauchsschreibe.

Gerald Reischl ist Redakteur der Tageszeitung „Kurier", Bestseller-Buchautor, u. a. von „Im Visier der Datenjäger" und „Gefährliche Netze", und Internetspezialist in der ORF-Sendung „Willkommen Österreich".

Gemeinsam schrieben die beiden mit Co-Autor Clemens Stadlbauer „Die größten Pechvögel des Jahrhunderts" und „Die Glücksfalle".

Fotos

Anzböck Fotostudio, Andreas Bruckner, Coca-Cola, Foto Proksch, Huma, ICC-Imaginechina/CONTRAST, Alfred Mathae, MEV, Herbert Pfarrhofer – APA, VBR – Vereinigte Bühnen Wien, Rudolf Watzinger.